本书为国家社会科学基金青年项目"清末民初留日学人的都市体验与文化记忆研究"（项目批准号：14CZW058）结项成果并获海南大学汉语言文学国家级一流专业建设点、海南省中国文学研究中心资助

都市
新感情

——

清末民初
旅日中国人的文化体验

蒋 磊
／
著

社会科学文献出版社
SOCIAL SCIENCES ACADEMIC PRESS (CHINA)

目　录

第三编　怪熟、情动与世界主义：都市异托邦 与情感经验转型

导　言

　　有关近代留日学生的文史研究著作可以说是汗牛充栋，但并不意味着这一研究领域已无再开掘的必要。在以"清末民初""旅日中国人"为关键词的议题下，尚有诸多重要的历史细节有待我们重新审视，一些问题的讨论也有赖于对文献的再开掘，例如对梁启超、孙中山、周恩来等重要历史人物在日期间日常生活状况的调查，或对鲁迅留学日本经费来源的再考察。这些问题看似细枝末节，实则以小见大，背后蕴含着宏大的文化史主题。

　　不过，本书的构思并不是从历史细节的再讨论或文献的再开掘入手，而是偏重于历史认知视角的重构。简言之，本书试图从情感研究、全球化研究等视角重新看待近现代中日文化交流史。本书虽然也重视原始资料的考察，甚至在部分章节中也会讨论一些历史细节问题，但总体而言，本书并不追求历史资料的全面和丰厚，也无意于呈现清末民初留日潮的人物群像，而是着眼于情感与全球化等理论视角的重构，试图剥开历史的褶皱。[①] 而本书的研究对象——近现代旅

---

① 重视一手资料，让一切立论都基于可信赖的文献材料，是历史学研究的基本功，因而对于史学研究者来说，"理论先行"是首先要避免的、最致命的错误。然而熟悉西方史学史的读者可知，19世纪末20世纪初"新史学"转向之后，19世纪盛行于欧洲史学界的"兰克史学"开始遭到质疑乃至颠覆，及至二战以后，随着美国"后现代史学"的兴起，史学研究的"实证主义""唯资料主义"更是遭遇了危机，越来越多的学者意识到所谓可信赖的、绝对客观的"原始资料"实际上并不存在，（转下页注）

日和留日中国人群体，如果单从历史学研究的"主流"关注点来看，它也并非最核心的研究议题。其实，清末民初以留日潮为主的中日跨文化交际活动，仅仅是在中日两地之间发生的区域性事件，其构成人数不过十数万，维持时间不过数十年，尽管一再有近代史研究者强调这一事件的重要研究价值①，但从百年乃至千年以来的文化史进程来看，近现代留日潮这一事件仍不过是文化大变局中并不特别耀眼的一环，与康梁维新或新文化运动等事件相比，留日潮之于近现代文化史、思想史的研究价值和研究体量来说，恐怕还是要差一个档次的。

既然本书并非"正牌"的史学研究，且所论对象之于中国文化文学的作用似乎也没有想象的那么大，那么本书的立论基础与学术价值何在？

在本书中，笔者试图在早期全球化的历史背景之下，去重新理解"旅日"这一跨文化交流活动，将其置于全球文化流动的大背景下来看待。可以看到，在既有的留日史、中日文学交流史研究中，研究者常常将日本置于中国现代思想的源头、中国文学现代性起源地等重要地位加以考察，有的研究指出了日本作为"西学的中介"的重要作用（例如实藤惠秀、严安生、王晓秋、郑匡民、李怡的研究），也有的研究全面论述了日本文化文学之于中国现代文化文学的重要影响（例如靳明全、肖霞的研究），而本书则希望能超越这种来自比较文学传统研究方法的"比较文化学"，另辟蹊径，从全球化背景下的"跨文化旅行"的视角入手，考察旅日中国人在异文化环境中的精神

（接上页注①）因为所有的语言文字都是以某种"讲故事"的方式编织而成的，甚至所有的历史资料都是文学文本，有待阅读者的解读。这样一来，历史学研究首先要解决的不是资料的可信度问题，而是要关注研究者进入资料的"前理解""前历史"，以及阐释资料所形成的"后历史""效果历史"，历史学研究与文学研究的界限变得模糊了。

① 在许多留学生史研究或近现代文学史研究著作中，均可以见到对"研究留日十分重要"这一观点的相似表述，这有时或许的确显示了"跨文化交流"之于中国现代化历史进程的重要性，但有时也不过是为了抬高某个议题的研究价值的习惯性说辞。

结构裂变，尤其是情感结构的变异。

本书的核心观察视角是"都市体验"，即探究近代日本都市之于旅日中国人情感结构变异的作用，涉及以下几个方面。

首先，在晚清时期，大量的游日、访日官员和知识分子，并没有将日本视为可供学习的对象，反而总是将日本看作中华文化的附属地。因而在他们游访日本、体验日本都市风情的过程中，会自然而然地以"发现失落的中华文明"为预设，在一种所谓"中华主义"的想象中，去构建理想中的"蓬莱仙岛"的空间幻象。以晚清游日学者、"口岸知识分子"王韬为例，可以发现，王韬在进行日本都市风景体验的过程中，其情感感知结构发挥了决定性的作用。在东京这样的风月繁华之都，王韬沉浸在"日本风情"的享乐生活中，而其所谓的"日本体验"，也不过是在其感知的"预设"和都市异托邦的"幻象"之间所形成的一种文化视域的"融合"。在第一、二、三章中，笔者将运用一些新文化史的笔法，勾勒王韬游日的情感感知轨迹，进而厘清其感知结构背后的文化形态。

其次，在清末民初时期，以留学生为主的旅日中国人，在行游日本、感受日本的风土人情之时，其对日本文化的感知"预设"是在全球文化的"现代转型"的背景下发生的。在新旧交替、文化多元的都市空间中，作为"观光客"的旅日中国人，尽管仍旧在很大程度上坚持以"中华主义"的眼光看待日本，但较之晚清时期，无论是旅日中国人的认知结构，还是明治末期至大正初期的日本都市的"实感"，都发生了极大的变化，这导致"观光客"们的既有情感结构，因异文化景观体验而悄然解体，并且通过日本都市的全球化景观，向更为开阔的文化空间"敞开"。在第四、五章中，笔者将郭沫若等留日青年视为都市景观的"观光客"来看待，描绘其情感结构的矛盾状态，并以"向内再生"的模式来概括其主体性的重构过程。

最后，从日常生活的角度来看，清末民初旅日中国人在都市异托邦中的感官经验，常常能使他们获得一种"非日常"的体验。在咖啡馆、书店、公园、博物馆等文化空间中，旅日中国人获得了新型的感知体验，并由此而重塑了对于"日本的事物"的认知。从身体的再造与"感官启蒙"来看，异国旅行造就了旅日中国人的身体性的"情动"，使得他们从既定的身体知觉的"空间配置"中挣脱出来，不断发生着主体位置的转变。在跨文化交流过程中，旅日中国人逐渐抛弃了"传统的身体"，发现并再造了科学主义的、"现代的身体"。在第六、七章中，笔者将用"怪熟""情感世界主义"等术语来描述旅日中国人在都市异托邦体验中的情感结构，以及这种情感结构与他们的"世界主义"观念之间的关联。

本书是在笔者的另一部著作《在东方与西方之间：现代旅日作家的文化体验》的基础上完成的，是对"旅日"这一近现代跨文化交流活动的再探讨。在《在东方与西方之间：现代旅日作家的文化体验》一书中，存在几项较为明显的缺陷。

第一，研究范围较为狭窄，引述材料不够充分。在前著中，笔者考察的范围仅限于清末民初时期的部分旅日文学家群体，且仅以鲁迅、郭沫若、郁达夫、周作人等少数几位代表性作家作为论述对象，因而在文化史考察的广度和论据的充分度方面，都有所欠缺。相较而言，本书虽然并不将研究重心放在历史材料的"考证"上，但与前著相比，本书的材料使用范围更大，将视野扩展到晚清至民国时期数量更多的旅日群体，试图从更为广泛的群体中发现历史转型的"秘密"。

第二，前著中有些章节并未突出"日本"这一异文化场所，而是仅仅将旅日群体放置在了"现代性转型"的历史进程中加以考察，忽略了异文化空间之于这种转型的作用。在本书中，论述的重点将放在考察情感结构变异的区域性、空间性背景下，而非放之全球而皆准的"现代性进程"中。

　　第三，最为重要的是，前著受限于"东方－西方"的理论框架，许多论述仍然囿于二元对立的观念。在前著中，尽管核心观点是将旅日作家论述为身处东方与西方文化"之间"的特殊群体，然而在论述中并未真正超越"东方－西方"的理论框架，这使得有些观点带有"强制阐释"的特点，缺乏说服力。在本书中，笔者将不再设立任何文化框架，而是从旅日中国人的身体的"实感"的角度，勾勒他们在跨文化旅行中的情感变异轨迹。

第一编　东京繁华：都市风景的
"感知视域融合"

在叙述东亚近代史、近代中日交流史时，日本学人提供了诸多有启发意义的思想框架，然而，从"唐宋变革论"到"华夷变态"（内藤湖南、宫崎市定）、"朝贡体系的崩溃"（滨下武志），一些"日本的思想"似乎总是难以避免地局限于日本的视角，有意无意地设定一个中华文化的"原点"或"中心"，从而将近世日本甚至近代日本叙述为承袭了中华文化之精髓的"正统"。针对明治日本大举西化的事实，甚至有日本学者提出"中国化的日本"① 这一惊人论断，将日本的"近代化"（即现代化）放置在中华文化的历史脉络中加以考察，试图突破"近代日本史即西化史、脱亚入欧史"的主流叙述，然而其实质也不过是"唐宋变革论"在明治日本历史叙述中的套用

---

① 参阅〔日〕與那霸润《中国化的日本：日中"文明冲突"千年史》，何晓毅译，广西师范大学出版社，2013。

而已。

这样一种叙述模式的背后，其实是以"东方－西方"为二元框架的"进步史观"、"文明论"或"文化模式论"。在这种进步史观中，无论是西方、东方、欧洲、亚洲，还是中国、日本，都被放置在一种"落后－先进""野蛮－文明"的历史序列中加以考察，或简单地将现代化等同于西化，或反其道而论，从东方或中国、日本自身的历史脉络中，寻找一条"另类现代性"的线索。无论哪一种叙述，都是将所谓"现代性"进行了空间化的理解，并运用地理空间知识，将线性时间纳入其中，进而形成线性时间序列中的不同文化类型，并分别加以安置。

然而，一旦这种叙述框架成形，就极易形成一种历史认知的"装置"，从而将一切纷繁芜杂的历史细节都纳入这一装置中，导致"小历史"服从于"大历史"，"部分"被强行置入"整体"中。以晚清中日文化交流史为例，在看待近代中日知识人互访的历史时，或可以从"进步史观"的角度，将访日中国人的行为看作对西方文化的积极摄入、对"现代性"的追靠，而东瀛日本由于明治维新的成功，自然成了"西学的中介"。

但这一先验的判断，经常与晚清日本游记中所载的文化经验相抵牾。实际上，许多晚清游日中国人并未将日本看作"西方的东亚版本"来学习，反倒是将其视作中华文化的附属地，通过游历日本，实现对"失落的中华文明"的发现。在散文名篇《日本的衣食住》(1935) 中，周作人议论说："凡民族主义必含有复古思想在里边，我们反对清朝，觉得清以前或元以前的差不多都好，何况更早的东西。"① 这便说出了晚清知识分子中普遍存在的一种心态，即以排满

---

① 周作人：《日本的衣食住》，载钟叔河编订《周作人散文全集》（第 6 卷），广西师范大学出版社，2021，第 657 页。

为目的，从而去构想一种古典的、"差不多都好"的"文明"。一旦形成了关于这种"文明"的认知框架，那么一切被感知到的、有利于追捧这种文明的文化经验，就会被纳入"文明"的叙述逻辑之中，形成一种文明的"幻象"。

周作人就曾举过这样一个例子："听说夏穗卿钱念劬两位先生在东京街上走路，看见店铺招牌的某文句或某字体，常指点赞叹，谓犹存唐代遗风，非现今中国所有。"① 这里提及的夏穗卿（即夏曾佑）、钱念劬均为清末政府官吏、学者，1905 年作为载泽、端方等"五大臣出洋"的随行人员赴日考察。作为维新变法的参与者，夏、钱两人对于变法的失败、清政府的腐朽是心存失望的，因此，他们"发现"东京街头的汉字，"指点赞叹"，并将其指认为"唐代遗风"的行为，其实体现了借由日本"找回"中华文明，从而贬抑清政府的文化心理。

这与大正时期日本知识人游访中国的感受恰好相对。对于芥川龙之介、谷崎润一郎等游历中国的日本文人来说，他们本是怀抱着"发现中华文化"或者说"寻找东方文化之根基"的文化情怀，踏上中国的土地的。因此，在这些日本人身上，普遍存在着对于中国的"东方主义"的想象，但是这种想象，却在游历中国、看到中华帝国之肮脏、衰落时，逐渐发生了崩塌，所以，这些日本文人对中华文化的期待并没有与现实相融合，"东方主义"的幻象破灭了。②

如果说日本知识人对中国的游访是在一种"东方主义"的幻象中进行的，那么相应地，晚清游日中国人，也往往是在所谓"中华主义"的想象中，去构建一个作为"蓬莱仙岛"的空间幻象。在下

---

① 周作人：《日本的衣食住》，载钟叔河编订《周作人散文全集》（第 6 卷），广西师范大学出版社，2021，第 657 页。

② 参阅〔日〕西原大辅《谷崎润一郎与东方主义——大正日本的中国幻想》，赵怡译，中华书局，2005。

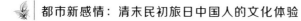

文中，笔者将从晚清游日中国人，尤其是民间知识人王韬的"情感感知"线索出发，探寻明治日本，尤其是明治东京作为"中华主义幻象"的生成肌理。笔者发现，在王韬与日本都市风景的认知结合过程中，来自传统儒家文化所塑造的情感感知结构，对王韬"发现日本"的方式起到了近乎决定性的作用。而王韬在东京风月繁华之地所体验到的日式的"风情"，不过是其感知的"预设"和城市的"幻象"之间所形成的"视域融合"。

第一章

晚清游日笔记的感知缺失

晚清时期（1840—1912），从官方到民间，出于各种目的游访日本的政府官员、商界人士、文化名流已难以计数，他们留下的访日游记、日记、诗集和考察报告多达百种。在这之中，至今完整可见且有一定文献价值的如罗森的《日本日记》（1854）、何如璋的《使东述略》（1876）、王韬的《扶桑游记》（1879）、王之春的《谈瀛录》（1879）、黄遵宪的《日本杂事诗》（1879）、李筱圃的《日本纪游》（1880）、黄超曾的《东瀛游草》（1881）、庄介祉的《日本纪游诗》（1883）、四明浮槎客的《东洋风土竹枝词》（1885）、傅云龙的《游历日本余记》（1887）、陈家麟的《东槎见闻录》（1887）、黄遵宪的《日本国志》（1887）、傅云龙的《游历日本图经》（1889）、黄庆澄的《东游日记》（1893）、谭祖纶的《扶桑景物志》（1894）等，反映了甲午战争前，走出国门的中国人对近代日本的初印象。① 而在甲午战争后，一方面留日潮兴起，另一方面政、商界人士的游日活动也持续不衰，例如在吴汝纶的《东游丛录》（1902）、张謇的《东游日

① 日本的"近代"是以明治维新为开端的，因而在这些文献中，罗森的《日本日记》较为特殊，因罗森游日并写成日记的时间恰处于日本开国（1853）之后、明治维新（1868）之前，这本日记反映了日本从被迫开放到正式西化、革新这一历史转型期旅日中国人的日本观。

记》（1903）、王景禧的《日游笔记》（1903）、许炳榛的《甲辰考察日本商务日记》（1904）、张维兰的《乙巳东游日记》（1905）、陈荣昌的《乙巳东游日记》（1906）和杨芾的《扶桑十旬记》（1907）等日记中，普遍可见这些有识之士对日本赶超中国、先期融入世界的羡慕之意。

由于不同作者身份的差异和知识水平、写作能力有高下之分，这些游日文字在记叙近代日本时所达到的广度与深度是有所区别的，但总体而言，这些种类繁多的游记、日记，绝大多数为走马观花之作，其记叙手法多为"记账"式地录入在日期间所见工厂、学校、公园、博览会，以及所会社会各界人物，写法十分呆板乏味，作者作为异国旅行者的"旅情"，对日本社会文化具有"情感深度"的体验，几乎无法从中寻见。

例如晚清时期书写日本成就最高的黄遵宪，原本即为有较高文学修养的诗人，他因公居留日本达五年之久（1877—1882 年担任驻日参赞），写出了鸿篇巨制《日本国志》。可是，这部多达四十卷五十余万言的巨著，其主体内容却是资料性质的客观记录，文学性较弱，真正带有作者情感感知的渗入以及主体价值判断的文字相对不足，如以阅读散文的心态进入其书，便会觉得其文十分乏味，难以卒读。同类型的文献如傅云龙的《游历日本图经》，达三十卷四十余万言，在史料价值上仅次于《日本国志》，也是类似的笔调。

又如中国首任驻日公使何如璋，他在《使东述略》中如实记述了自己于长崎、神户、大阪、西京（京都）、横滨、东京等地访问期间的所见所闻，但在其叙述之中，很少能见到他对于明治维新之后日本都市之先进、繁华景象的"惊羡"表达。例如他写自己乘火车由神户赴大阪，而彼时的中国尚无火车①，何如璋的铁道旅行本应是十

---

① 吴淞铁路是中国第一条营运铁路，由英国擅自修建。这条铁路虽然在 1876 年开通，但很快便因为交通安全问题遭到清政府抵制，故在 1877 年停止使用。

分新鲜的，但他对这段行程的描写却一笔带过，丝毫看不出他对于火车及其所代表的"现代文明"的心理反应。而对于大阪，他也只是轻描淡写地介绍了建城历史、地理位置，并铺陈记叙城市的景象："土地沃衍，山海深奥。淀川南流贯其中，溪桥交错，市坊填咽，红尘四合，烟云相连，一大都会也。"① 这样的介绍虽言辞流畅，但细细品来，不过是一些写景古文的习语、套话，文字间并无多少游览者的主体感知渗入。

究其原因，除了一部分作者自身受知识、写作水平所限之外，还可能与以下因素相关——在既有的晚清海外游记研究中，针对游记的整体写作水平"不高"的问题，这可能是最具说服力的两种解释方式。

第一，一部分研究认为，晚清游记的写作受到旧文体的限制，其文字在写情造景方面稍显不足。这里的"文体"有两层含义：其一是指"体裁"或"文类"（genre）；其二是指"语体"或"风格"（style）。也就是说，从"文类"的角度来看，晚清游记的产生，大多出于带有公务性质的"考察"，这就导致所谓的"游记"偏于"志"而非"文"，其文学性、审美性不强，而大量的私人日记、考察报告就更是如此，这些"文类"多偏于客观叙事而非情志抒发。此外，从"风格"的角度来看，由于旧文体在表情达意方面的限制，作者的主体意识很难在文字中凸显出来，许多对于海外见闻的"铺陈式"的描绘，采用了辞赋的旧体写法，使得这种描摹流于套话、浮于文字表面，缺乏形象而生动的描写，语言风格单一。如果将晚清日本游记与五四以后的留日散文（例如周作人、郁达夫的散文）相比，现代文（或白话文）在风景描摹、人物刻画等方面的优势就显现出来了。

---

① 何如璋：《使东述略》，商务印书馆，2016，第7页。

的确，从"文"的现代转型来解释晚清游记文学价值不高的现象，是有一定说服力的，但值得反思的是，这种对"文体"的相对简单的理解方式，存在较为明显的缺陷。首先，将文体区分为"古文－现代文"或"文言文－白话文"等二元结构的做法，可能简化了文体的分类。如果袭用"传统－现代"这一对时间性概念，将各类日本游记、日记、诗集和考察报告一概归为"古文"、"文言文"或"旧文体"这样模糊的文体类型，就可能忽视晚清日本游记中更为丰富的文体区分。例如黄遵宪的《日本杂事诗》和《日本国志》，在文体特征上就存在极大的差别，相应的情感感知深度、话语表达方式也更迥异。并且，从"文无定体"①的观点来看，晚清日本游记本就无所谓文体的定式，那些被命名为"志""录""纪行""纪游""日记""琐记""诗""游记"而结集出版的作品，其实相互之间并无严格的文体区分。例如有的"游记"毫无"游"之感，满篇都是各类名词的堆砌，读来更像"志"，而有的"志"或"日记"虽有大量客观的记叙，却也时常穿插议论与抒情，读来也颇似抒情散文。其次，认为"旧体文学限制了主体感知的表达"，将文学情感感知深度的不足归罪于旧文体，这种观念可能来自"现代文"爱好者的偏见，或者说一种承袭自民国时期胡适等白话文提倡者刻意贬抑古文、文言文的认识论"装置"。这种认识论"装置"一旦确立，所有被归于"传统"的文体，就都被认为是缺乏各种表意功能的、不合于"现代"的过时之物。然而实际上，一个几乎为常识性的认识是，中国古典文学的情感书写能力是显而易见的，甚至有学者认为，中国文学自先秦以来即创造了十分发达的"抒情传统"②，中国古典诗词歌

---

① 中国古代早有对"有无文体"问题的讨论，其中，金代的王若虚提出了"文无定体"的看法，认为"定体则无，大体须有"，十分敏锐地发现了文体的虚构性、流动性。

② 一些海外华人学者认为中国文学有着久远而发达的"抒情传统"，如陈世骧、李欧梵、王德威、黄锦树等。不过近年来，这一说法也遭到了一些学者的质疑，例如龚鹏程对"抒情传统说"的批评。

赋中的"发愤抒情"、"触景生情"和"寓情于景"等写作手法，历经上千年的积淀，在旧文体中已普遍可见。因此，为了强调现代文在表情达意上的特色，就武断地认为旧体文学缺乏写情造景的能力，这与常识相悖。

第二，从历史背景来看，游历的时长和游访者的身份可能限制了游日者的眼界，使之笔记书写流于平庸。由于许多日本之行的开展和考察游记的写作，是在清政府的指派乃至强制之下完成的，这些作者在日停留的时间往往只有几个月甚至数日，这就造成他们对于考察活动的走马观花或漫不经心，而仓促间为"完成任务"写成的所谓游记或考察报告，只能流于平庸无趣。相比之下，个别对日本有着长期生活体验的自由知识人，却能写出价值较高的文字。

这一说法的确点出了晚清游日笔记与后来的留日文学作品之间的一些重要区别，即前者多为短期游历之后的"急就章"，甚至少数作品有"抄袭"之嫌①，而后者则往往是作者在日本求学多年后的成熟之作；前者的作者多为政府官员、工商界人士，以考察日本政经文教各方面"成果"为目的，功利性地写成游日笔记，而后者则为留学生，纯以求学受教为目的，其留日文学创作多为学业之余的"闲文"。此外，从写作者的年龄来看，由于前者多为政府公派的上层人士，其在游日时期已偏中老年，后者则大多在青少年时期留学日本，这使得后者的写作更具"时代新人"的特色，富于开创性的文学思想风貌。

但是，过于强调游日的时间、目的等因素对游日笔记的影响，则可能陷入机械的历史决定论。实际上，所谓异域的"深度体验"未必只表现在居留某地的时长方面，一些短期游日，甚至只是为前往欧

---

① 例如王之春的《谈瀛录》，即被认为部分抄袭了黄遵宪的《日本杂事诗》和何如璋的《使东述略》。

美国家而途经日本的"临客"体验，也能在与日本的短暂接触中，获得来自现代文化的"震惊"① 的视觉经验和心理反应，这种"震惊"的发生具有偶然性、瞬时性，未必需要长期的异域文化观察。另外，游日者的职业、阶层身份以及年龄有时也未必能左右其异域体验的视野，这是因为，"公派"游日未必等于毫无个体自由的"官方接待"，在实际的行程中，除了少数如"五大臣出洋"考察那样的官方高层访问之外，许多清政府官吏的游日活动是相对自由的，可以随机观览自己想看的风景与事物，并与日本各界人士交往。同时，恰恰是凭借官方访问的较高身份，这些官吏才能有机会深入日本的各类政府机构、工厂、学校、博物馆、公园，接触不同层面形形色色的人物。

相比之下，1896 年以后的留日中国人，虽然驻日时间更长且无"公派考察"的身份限制，但常常囿于"学校"这一特定空间，为学业奔忙，因此并无太多余闲去全面认识日本社会。例如郭沫若、郁达夫在留学日本之初的几年时间里，均有过一段"苦读"的经历，为了考取公费的正式学校，他们不得不将全部精力投入学习，而对学校之外的事物鲜有见闻。更不必说，另有少数因政治原因流亡日本者，如孙中山、黄兴等，就愈加没有心情和能力去四处访游了。一个最具代表性的例子是维新派的梁启超，他在戊戌变法失败后流亡日本，尽管在日长达 14 年（1898～1912），但却忙于鼓吹其政治改良的思想主张，或将精力放在办报（《清议报》）、立社（政闻社）、著书立说等方面，而对于日本的都市文明、风土人情、山川美景，则鲜有观察，因此也较少见诸文字。而其恩师康有为在日本的流亡生活，也大致如此。

---

① 这里的"震惊"并非指普遍意义上的文化交际、文化冲撞所造成的震撼感、惊诧感。在本雅明那里，"震惊"是一个特殊的名词，他用"震惊"来描述人在现代工业社会、都市文明中获得的一种新型的感官经验。

　　这样一来，如果我们并不能从清末民初时期"文"的现代转型来倒推、判定晚清游日笔记的质量低下，也不能通过游日的时长、游日者的身份来说明晚清游日体验的浮浅，那么，对于晚清游日笔记中普遍存在的文学性缺失尤其是"感知缺失"的现象，我们将做何解释？

　　实际上，"感知缺失"这一说法本身就是很成疑问的。如前所述，旧体文学未必不能表达情感感知，我们之所以不能在旧体文学中读出作者强烈的主体意识，恐怕源于我们是从"新文学"的认知框架去评判旧体文学的。因此，与其说新文学比旧体文学更擅长表现情感体验，不如说近代以来中国人的"情感转型"（emotion turn），使旧体文学相较于新文学，在文学的"共情"（empathy）功能方面，逐渐失去了读者的共鸣。

　　在本书中，笔者希望通过对王韬这一个案的考察，与1896年以后的"留日文学"进行对比，发现清末民初旅日文学中存在的"情感转型"的现象。在王韬游日前后对于日本的"前印象"、"初印象"和"后印象"中，可以发现一种源自传统伦理的"文化视域"或者说"儒家的感觉结构"①，这种感觉结构一旦形成，便十分稳定，它

---

① 这里所采用的"儒家的感觉结构"，以及下文提及的"启蒙的感觉结构"等术语，来自海外华人学者李海燕。在《心灵革命》一书中，李海燕借鉴了雷蒙·威廉斯著名的"感觉结构"（structure of feeling）理论，用以描绘20世纪上半叶中国文学中的"情感的谱系"。在李海燕看来，"儒家的感觉结构"以传统的儒家伦理为基底，但同时把"情感"从20世纪以前的边缘位置推送到感觉结构的核心；到了五四时期，"启蒙的感觉结构"被引入中国，与"儒家的感觉结构"相抗衡，并试图瓦解后者的伦理架构。但新民主主义革命兴起以后，这两种感觉结构都被更具领导权性质的"革命的感觉结构"所征服。参阅〔美〕李海燕《心灵革命》，修佳明译，北京大学出版社，2018，第16—17页。
本书借用了李海燕的"儒家的感觉结构"一语，但又与之有所区别。在《心灵革命》中，"儒家的感觉结构"的含义相对较窄，主要描述的是"传统伦理＋情感"所形成的所谓"情教"的特征，体现在清末鸳鸯蝴蝶派小说中，如吴趼人的《恨海》、徐枕亚的《玉梨魂》等。因此，李海燕的"儒家的感觉结构"主要是为描述清末"爱的浪漫主义"而设。而本书所述的"感觉结构"，与雷蒙·威廉斯的本意大致相当，其内涵较为宽泛，包括了感觉、知觉、情感等多个层次，而"儒家的感觉结构"，即指建立于儒家传统伦理之上的一切身体经验与情感经验。

深刻影响了王韬的眼界、思考与情志。因而王韬在游览日本尤其是体验日本都市的繁华景象时，其情感的生发就不自觉地遵从了这一感觉结构，使其情感感知的表达方式承袭了先秦时代以来的某种文学程式。

在本书中，笔者把这一情感感知的发生程式称为游日的"风情"。本书认为，所谓的"风情"，产生于游日中国人的"感知期待"与日本都市风景的"视域融合"中，而这种感知的视域融合，造就了晚清中国人眼中的"东京繁华"的幻象。

因此，本书并不认为晚清游日笔记与清末民初留日文学的区别源于"新旧文体"的变革或旅日活动性质的差别，而是将关注重点放在了近代以来中国文学话语中所反映的"情感的变革"或者说"情感话语转型"上。而较为复杂的是，本书认为，所谓"情感的变革"并非在清末民初前后的历史中以突然"断裂"的方式发生，而是一种较为长期的、缓慢的、"静悄悄"的革命。也就是说，在王韬这样的晚清游日者那里，传统意义上的感觉结构虽然坚固，却也随着"游日"这样的跨文化活动开始悄然发生变化，直至清末民初，尤其是五四前后，这种感觉结构的变化已经达到了"革新"的程度。尽管如此，我们也很难说这种革新的发生是如同辛亥革命、五四运动那样的历史"事件"，这种革新并没有十分明确地将历史隔断为"旧时代和新时代""传统与现代"，毋宁说，所谓传统的、儒家的感觉结构，从未发生彻底的崩解，而是以某种方式被置入"现代性"发生以后的"启蒙的感觉结构"或"革命的感觉结构"之中。在本书的第四、五章中，笔者将详述这一点。

而在下文中，笔者将尝试跟寻王韬游日的路线，勾勒其情感反应的轨迹，从而理解晚清旅日中国人的"感知的视域融合"究竟是如何发生的。

第二章

游日的"感知期待"：王韬的
"前印象"与"初印象"

如果仅从语言文字的艺术水准，尤其是作者在价值观和情感感知表达方面的"主体的呈现"角度来考量，在众多的晚清游日文献中，王韬的《扶桑游记》算得上是突出的。1879年，王韬从香港出发，经上海中转抵达日本长崎、神户、大阪、西京（京都）、东京、横滨等地，虽只有四个月的短期经历，所见所闻均十分有限，但在王韬的笔下，隐约可以见到其对日本各类风景与人物的"有情"的流露，尤其是他对日本都市的观察，反映了一位跨域漫游者的较强的主体意识。

如果从"游日者的身份"视角来解释王韬游日笔记的独异，或许是说得通的：王韬与何如璋、黄遵宪等驻日官员的社会身份不同，他是作为流亡知识分子、以个人的身份游历日本的，这在晚清游日群体中比较少见。在为黄遵宪的《日本杂事诗》所作之序中，王韬自述："余去岁闰三以养疴余闲，旅居江户。"[①] 这里所谓"养疴"，究竟是实指身体有疾、以旅行作为疗养的方式，还是暗喻其怀才不遇的"心病"，需要以畅游来调剂精神，已不可查考。但是，所谓"余闲"

---

① 王韬：《弢园文录外编》，辽宁人民出版社，1994，第339页。

却是实实在在的——1879 年的王韬，的确是"闲居"香港的自由人，随时可以出游海外。

不过，王韬与其他游日中国人更大的差别或许在于，他是久居上海和香港这类通商口岸城市的移居者，是思想上更为先进开放的近现代转型期的知识人。在王韬那里，可以找到从前现代到现代、从本土到全球的文化转型的"中间状态"，他在时间和空间两个向度上，都较为符合彼得·伯克所谓的历史研究中的"中间人"①（brokers）形象。而这可能才是王韬的几种海外游记和政论文（包括《普法战纪》《扶桑游记》《漫游随录图记》）的魅力和价值所在。

可以说，上海和香港是促成王韬游欧、游日之行的文化预备空间，在他踏足日本土地之前的一系列活动中，我们能够知晓他对于日本这一邻邦的"前印象"与"初印象"，而在这些想象性经验中，可以发现，王韬对于东瀛岛国人文风情的"感知期待"，是在一种被称为"口岸文化"的混杂结构中产生的。

第一节 "口岸知识分子"的跨文化交际

清德宗光绪五年（1879）春，闰三月初七日，王韬偕同他的女婿钱昕伯，在上海外滩的有马洋行见到了日本文士竹添进一郎。竹添是日本驻清国公使馆的书记官，曾穿越华北平原、陕西秦岭，游历巴蜀古栈道与长江三峡，写成《栈云峡雨日记》，在晚清文化界颇有声名，与中国文人官吏多有结交。通过王韬的自序可以看出，他与这位熟知中国的日本官员之间的交往是十分愉快的，尽管二人言语并不

---

① 文化史学家彼得·伯克认为，历史研究应寻找"中间人"作为研究对象，也即刚好处于两种不同文化之间的人物。

相通，但他们却可以通过"笔谈"① 这种独特的中日交流方式，交换彼此的想法，并预约了随后两日的酒会。而在初八、初九两日，王韬果然又与竹添相约畅饮，并且在竹添的安排下见到了日本驻上海总领事品川忠道，三人先后做东互请，每每饮酒至醉倒，最后一次饮宴临别时，品川还送给王韬几瓶洋酒。

从日文的形成过程来看，日文在袭用汉语文字时，仅借用了汉语文字符号来服务于日本人的表意，并没有吸纳汉语的语法结构。并且在对汉语文字的借用过程中，在汉字的字形、符号所对应的意义等方面多有改造，造成了日文中的所谓"汉字"发生了语言体系上的极大变化，因而近代旅日中国人所创造的"和文汉读"的方法，也是有局限性与误解的。可以想见，王韬与竹添进一郎等人的"笔谈"，正是在这种浅层次的、充满各种误解的交流中进行的。尽管如此，这两三次的酒场相会，仍然让王韬对竹添、品川等人生出了惺惺相惜的情谊，他甚至认为："余东游实以此为发轫。而东国之贵官文士待予殷拳若是，亦可见两邦之亲睦矣。"②

实际上，上海并非王韬东游的"发轫"。与清末民初众多旅日中国人的行程类似的是，上海只是王韬游访日本的"前哨站"，他在此短暂停留的目的只是料理事务、置办行李。此外，竹添、品川等人并非王韬初识的日本友人。1862 年，王韬因被清廷怀疑与太平天国有勾连，故在英国友人的帮助下逃亡至香港，距今已有 17 年时间。在这 17 年的流亡生活中，王韬曾与多位日本友人结交，一方面是因为香港这一全球文化交汇地所提供的便利，另一方面源于王韬在中日文化界的声名。在居留香港时，王韬的鸿篇巨制《普法战纪》

---

① 因日本、韩国等地仍属汉字文化圈，因而尽管在语音方面，中日、中韩不能互通，但可以通过视觉，也即纸上的汉字书写来完成有限的交流。在江户时代的长崎，中日商人常通过这种方式完成生意上的往来。

② 王韬：《扶桑游记》，商务印书馆，2016，第 7 页。

（1873）在日本印行，同时其创办的《循环日报》也蜚声海外，这使得王韬在赴日之前，不少日本政界、知识界、文学界人士就对王韬之名仰慕已久。例如王韬日本之旅的发起人、日本《报知新闻》的主编栗本锄云，就曾经阅读过王韬的《普法战纪》，对作者主张变法图强的政治思想佩服不已，并且同情于王韬的个人遭际，于是栗本提议邀请王韬赴日，并多方联络日本各界人士如佐田白茅、龟谷省轩等，为王韬访日之行造势。

因此，王韬称"东游实以此为发轫"，将上海作为日本之旅的开端，其意并非实指游日计划的起始，而是表达了自己身临日本之前，在精神层面已提前进入异邦之旅的状态。而无论是香港的栗本锄云，还是上海的竹添进一郎、品川忠道等人，都构成了王韬日本体验的"前印象"。同时，在与这些日本友人推杯换盏之间，王韬潜意识里已将对方视作日本的代表，也自然而然地赋予自己中国知识人的身份，因而通过他与这些友人的个人交往，王韬得出了"可见两邦之亲睦"的结论，将个人的情谊上升到邦交的亲善的高度。

长期居留上海、香港的王韬，曾与诸多外国友人来往，这使其成为近代中国最早的"条约口岸知识分子"①（Intellectuals in Treaty Port Cities）。在"口岸"这一特殊的文化交际空间里，如王韬这样的近代知识分子养成了宽厚的性情、开放的观念，以及高超的社交能力，这使之成为中国近代最早一批具有现代意识、能够与西方人进行平等对话的文化交际者。

---

① 所谓"条约口岸知识分子"，是美国学者柯文所创的概念，即指晚清开国以后，如王韬、李善兰、郑观应等既受到深厚的传统教育文化影响，又长期居于通商口岸，与外国人、外国文化密切接触的知识分子。他们大多有游历海外的经历，是近代中国最早对异国文化有切身体验、初步具有"现代性"观念的一类人。在与外国友人接触以及游历海外的过程中，他们往往为西方的先进发达的物质文明所惊叹，较早意识到中国走向世界、融入全球科学主义体系的必要性。参阅〔美〕柯文《在传统与现代性之间：王韬与晚清改革》，雷颐、罗检秋译，中信出版社，2016；王立群《中国早期口岸知识分子形成的文化特征——王韬研究》，北京大学出版社，2009。

上海是《南京条约》划定的五大通商口岸之一，在王韬所居期间，上海迎来了西方经济与文化的渗入，逐渐形成发达的租界文化，这给王韬的思想带来了潜移默化的影响。实际上，在王韬的青年时代，他在思想上还是一位旧派人物。从《王弢园尺牍》等王韬的早期文章中可以看出，青年王韬抱持"非我族类，其心必异""华夷尊卑"等观念，对于西学东渐是十分排斥的，甚至认为西方人"素工心计，最为桀黠"①，然而在上海居住期间，随着王韬在墨海书馆翻译《圣经》等西方经典的工作的展开，以及他接触到的西方人和中国的开明知识分子逐渐增多，再加上他在上海滩看到诸多西洋事物，领略到这些先进的"器物"和技术所象征的现代文明，他的思想观念便逐渐从排斥西学转向了对西学的认可乃至倾慕。

"口岸城市新文化的最有意义的特点之一，便是它相对游离于古老内陆文化的限制和禁忌之外。"② 流亡香港以后，王韬的眼界进一步打开。不同于上海，香港被直接割让给英国作为其海外属地，因而更是一个脱离于"古老内陆文化"之外，逐渐走向西方的特殊口岸。居留香港期间，王韬与英国传教士理雅各合作翻译中国经典，并结交更多的外国友人（其中包括不少日本友人），并用数年时间游历欧洲，这让他的文化视野扩展至全球，初步形成了"面向他者"的世界观。

但是，如果仔细审视王韬在赴日之前的一系列活动与思想，可以发现，所谓"面向世界"的姿态，仍然十分牢固地扎根于传统儒家的文化观念之中。在王韬那里，所谓西洋文明或"文化他者"，必须被放置在儒家传统的文化结构之中，方能被接受、理解。这表现在器物、语言和社交方面，分别体现为赏物之"情致"、对"汉语"的执

---

① 王韬：《与周弢甫征君》，载《王弢园尺牍》，朝华出版社，2017，第25—32页。
② 〔美〕柯文：《在传统与现代性之间：王韬与晚清改革》，雷颐、罗检秋译，中信出版社，2016，第25页。

着之情、个体交往的"天然的情谊"，展现了王韬眷恋于儒家文化的精神结构。

第一，重"器"不重"道"。王韬在向国人推介西方文化时，将重点放在了西方科技、物质文明，而非政治经济制度、社会思想文化等方面。简而言之，他所关注的西方文明，是西方之"器"，而非西方之"道"。毋宁说，王韬一直坚持以儒家思想中的"道"，来包纳西方之"器"。

在游历日本之前，王韬已于1867~1870年漫游了欧洲，在巴黎、伦敦等大都市亲眼看到了西方文明之发达。在《漫游随录》（1883）中，王韬记述下观览伦敦水晶宫的感受：

> 玻璃巨室，土人亦呼为水晶宫，在伦敦之南二十有五里，乘轮车顷刻可至。地势高峻，望之巍然若冈阜。广厦崇牖，建于其上，逶迤联属，雾阁云窗，缥缈天外。南北各峙一塔，高矗霄汉。北塔凡十一级，高四十丈。砖瓦楼角，窗牖栏槛，悉玻璃也；日光注射，一片精莹。其中台观亭榭，园囿池沼，花卉草木，鸟兽禽虫，无不毕备。四周陈地数百亩，设肆鬻物者麇集，酒楼茗寮，随意所诣。有一乐院，其大可容数千人，弹琴唱歌，诸乐毕奏，几于响遏云而声裂帛。有一处鱼龙曼衍，百戏并作，凡一切缘绳击橦、吞刀吐火、舞盘穿梯、搬演变化，光怪陆离，奇幻不测，能令观者目眩神迷。①

彼时的伦敦，和巴黎一样，已成为19世纪"发达资本主义"的代表，处处呈现了物质繁盛的景象。而所谓"水晶宫"，是一座集中展示世界各国事物，从而彰显大英帝国之强盛的现代建筑，建筑虽名

---

① 王韬：《漫游随录·扶桑游记》，陈尚凡、任光亮校点，岳麓书社，1985，第123页。

为"水晶宫"，其实运用了大量的玻璃和钢铁，从材料的角度即体现了资本主义的理性精神。[1] 水晶宫的前身是建于 1851 年的万国工业博览会，在展会结束后迁至伦敦之南，作为长期开放的博物馆而存在。可以说，在工业博览会这一城市异托邦空间中，"世界"成为内嵌于城市的微缩品，作为一种"多元文化"的幻境而出现，在这一幻境中游弋的观览者，或可能因为与陌生事物在视觉层面上的密集接触，从而触发对自身精神文化结构的反省。但是在王韬笔下，可以看到，他几乎是从中国传统的建筑经验、器物经验和音乐经验来理解水晶宫的。例如他将水晶宫的主体建筑描述为"逶迤联属，雾阁云窗，缥缈天外"，这便与中国古代的亭台楼阁相类；他形容水晶宫内部"台观亭榭，园囿池沼，花卉草木，鸟兽禽虫，无不毕备"，这其实与中国皇家贵族庭院的内景也无区别；他说水晶宫里的音乐会"弹琴唱歌，诸乐毕奏"，又说"有一处鱼龙曼衍，百戏并作"，仿佛都是在描绘中国城市中的瓦肆勾栏。总之，王韬总是以中国传统的城市精神、建筑精神和对器物的理解方式，来解读其在欧洲所见之新鲜事物，因而这样的事物在王韬笔下，都变得不那么"新鲜"，反而成为符合传统儒道精神的旧事物。

水晶宫作为万国工业博览会的展馆，展出了大量工业机械产品，可是在王韬笔下，却几乎见不到他对于这一类现代科技成果的描绘，更无法发现他直面现代人造物之时所产生的真情实感。因此，王韬所谓"光怪陆离，奇幻不测"的感受，不过是浮于表面的一种陌生感、怪奇感的简单表达，这与中国古代文人赏玩日常生活以外之珍奇器物时所产生的"情致"，并无本质上的区别。对于王韬来说，所谓"目眩神迷"的感官反应，正是这种蕴含了传统审美情趣的赏物之

---

[1] 在《拱廊街计划》等文中，本雅明指出了玻璃和钢铁的运用之于 19 世纪巴黎都市改造的作用。所谓现代都市精神，即源于玻璃和钢铁这种新材料所体现的理性主义构造。

"情致"。在这样一位传统儒家文士的眼中，那些异国的珍奇事物，也就是中国文人所喜好的各类"长物"中的一部分，犹如明代的文震亨在《长物志》中所载的那些奇花、珍禽、怪石、异草。

在写于香港居留期间的《原道》一文中，王韬提出，天下之"道"只有一种，而无其他，所谓"道"，"不外乎人伦"，而东西方之"道"虽看似不同，却终将殊途同归。在西方之"道"暂时无法与东方相通的情况下，西方的智慧之士便发明了"火轮舟车"这种"器"来使世界相通，因而"火轮舟车"也是载道之物。他说："东方有圣人焉，此心同，此理同也；西方有圣人焉，此心同，此理同也。"[1] 这是模仿宋人陆九渊的话："东海有圣人出焉，此心同也，此理同也；西海有圣人出焉，此心同也，此理同也。"[2] 陆九渊所谓"东海"、"西海"以及"南海北海"，均为儒家"天下观"中对于海外四方的地理理解，并不具有现代地理学上的"世界"的意义。然而王韬在这里将宋明理学的"天下"置换成了"世界"，尽管是一种将世界简单划分为"东方－西方"的二元话语，沿袭了欧洲人对东西方秩序的某种想象[3]，但他却用"此心同""此理同"等思想，试图消弭东西方的差异，将"火轮舟车"等现代交通工具看作打通东西方壁垒的载道之器，同时将看似不同的东西方之"道"，都归之于中国人所能理解的、伦理道德意义上的"道"。

在王韬前后不同时期的写作中可以发现，其对于"道"的理解是有变化的。有时他试图以中国之"道"包纳西方以及西方之器物文化，有时也承认西方之"道"与东方之"道"是并立的，但即便如此，他也并没有真正理解究竟何为西方之"道"，而多是主张暂时

---

① 王韬：《弢园文录外编》，辽宁人民出版社，1994，第5页。
② 《陆九渊集》，钟哲点校，中华书局，1980，第483页。
③ 所谓"东方－西方"二元话语的发明，出自欧洲，其本身就是一种欧洲人对世界秩序的想象性建构。

悬置西方之"道"，只接受西方之"器"，以助于中国之"道"的运化、延续。

第二，语言的"内向性"。异国语言之间的频繁交流是"口岸文化"的一项特征。王韬精通英文，其在上海、香港时期的主要工作之一便是做中英文翻译。可是在王韬的译笔中可以发现，无论是将英文对内译为中文，还是将中文对外译为英文，他都执着于汉语的语境，甚至为了让汉语的语感不被破坏，常常对英文进行过度的创作。

王韬的翻译风格是典型的重视"达""雅"而非"信"的"内向性"翻译。也就是说，王韬在将英文著作译为中文时，总是采用了内向于中文的、以中文语境为译文构架基础的翻译模式，来内化英文，因此忽视、舍弃了英文的语境。例如王韬在上海墨海书馆与在华传教士麦都思合作翻译《圣经》，主要负责的是《约伯记》《箴言》等在思想上较为接近传统儒家伦理的篇章，而在翻译的用语上，王韬采用了旧文体的写法，特意加入了大量的佶屈聱牙的古语和儒家经典中的术语，使《圣经》成为一部"杰出的中国文学作品"，鲜有西方经典的意韵，可以说是运用了"解释学策略"，从汉语的框架体系，对《圣经》进行了再创作。① 同时，王韬在将中文译为英文时，更是以宣扬传统儒家文化为目的，选择翻译儒家思想经典，试图将"道"传播至海外。例如在香港，王韬与理雅各合作翻译了大量书籍，大多为"中译英"，即将中国儒家经典译为英文，向外推广，以期欧洲人了解中国（例如将十三经译为英文）。

此外，在面向日本友人的"笔谈"这一特殊的对话情形中，王韬也借此确立了从汉字符号文化的角度去理解日语的文化交流模式。如前所述，"笔谈"是建立在纸面上的、"去语音化"的、充满了误

---

① 参阅游斌《王韬、中文圣经翻译及其解释学策略》，载梁工主编《圣经文学研究》（第1辑），人民文学出版社，2007。

解的交流。在这种沉默无声的交流方式中，具有文化独异性的"语音"退场了，文字（也即汉字）成了中心。而须知，日文中的汉字大体上是借用自中国，其中暗含了"以中国为中心、向周边辐射"的传统东亚文化秩序。对于日本人来说，日语的语音以及纸面上的假名，是可能构成"去东亚化"、形成日本的"语言民族主义"之要素的。① 然而在"笔谈"的情形中，由于语音和假名均不同程度地退场，这种交流就变成了对传统东亚文化秩序的语言实践。在这一过程中，王韬以汉语语言的既定格局，将日语汉字内化到了汉语体系之中，对"日文"进行了创造性理解。

第三，"自在的"社交。在与众多的外国友人交往过程中，王韬恪守着传统的习俗和伦理规范，他与这些友人之间建立起的情谊，是一种自发的、"天然的情谊"，来自古代文人士大夫阶层的交际模式，类似于魏晋清谈文人的那种"诗酒唱和"，或可被称为一种"自在的"社交方式。

所谓"自在的"② 社交，与"自为的"社交相对，这里是指，王韬在与异域来客的清谈唱和、觥筹交错之间，并没有将对方视作异文化的"他者"来看待，而是把他们看作在同一文化精神体系之下的、与王韬有着同样放浪豪情的风雅文士。例如他称品川忠道"风度恬静，意致谦抑"，他对竹添进一郎的评价是"饮酒甚豪"③。这些印象，都与对方的异族、异文化身份无关，宛如面对的是同族同乡，而

---

① 从明治维新中后期到大正初期，日本文化界多次发出废汉字、假名的呼声，一些人主张引入罗马字母来替代原有的日文书写方式，甚至提出弃日语改用英语，这便是一种"脱亚入欧"思想的极端反应，体现了近代日本的"语言民族主义"。

② "新马克思主义"哲学家阿格妮丝·赫勒在建构日常生活批判理论时，借用了黑格尔的"自在"和"自为"的概念，用以描述日常生活的组织架构，认为日常生活中囿于工具和物品、传统习俗规范、既定的语言体系之中的活动，是一种"自在的类本质活动"，与"自为的活动"以及"为我们的活动"相对。本书借用这一概念，用以描述全球化时代跨域旅行者的精神生活样态转型。参阅〔匈〕阿格妮丝·赫勒《日常生活》，衣俊卿译，重庆出版社，1990。

③ 王韬：《扶桑游记》，商务印书馆，2016，第6—7页。

所谓"两邦之亲睦"，实在是王韬刻意拔高的文化交往格局。在王韬眼中，他所结交的日本友人均是有情有义、性格各异的个体，他与这些人之间建立的情感联系，也只具有个体与个体之间的意义。而这样一种交往方式，看似推杯换盏、谈笑自如，实则浮于王韬所能理解的传统交际层面之上，源于"天然的情谊"，是一种交际主体"自在"、不变的稳定形态，难以走向主体的"自为"、变革，也就不具有修改自身的精神文化结构的功能。

因此可以说，王韬在"口岸"建立起来的"面向他者""走向世界"的文化姿态，仍然囿于以儒家思想为基底的文化视域，在这一前提下，当王韬正式赴日，开始切身感受所谓"日本的风情"时，他便沿袭了既有的文化视域，从而将"日本的风情"纳入中华文化的风景中。对于王韬来说，日本的"西洋的事物"，是没有太大吸引力的，已经去过香港，看过巴黎卢浮宫、伦敦水晶宫的他，并不会十分惊奇于日本的"现代化"，反倒是那些"日本的事物"，往往能吸引王韬的目光。

不同于西方，日本原就被视为中华文化的辐射地，位居儒家文化圈的内部，因而在王韬的游记中可以看到，尽管 1879 年的日本已引入了诸多西方现代事物，但除了西餐厅、博览会、兵工厂等西式建筑给王韬留下了些许印象，故而有只言片语的描写之外，他满目所及的仍旧是日式的神社、寺庙、庭院、妓馆，于是也自然而然地从"中华义化"的视角出发，去观察这些日本的事物：他在长崎的茶寮饮茶，看见制作精良雅致的日式茶具，就评价其如同广东潮州、福建漳泉地区的饮茶器皿；看见店中的妇女留有盘髻的发式，就猜测是隋唐时期中国民俗的遗留；看到日本女人睡觉用高枕，以及背着婴儿的习惯，就认为其和广东地区的民俗相类，"大抵皆古法也"[1]。但凡被称

---

[1]　王韬：《扶桑游记》，商务印书馆，2016，第 8 页。

为"日本的事物"，经王韬的联想后，都成为中国文化的传承。可以说，经"口岸"出游日本的王韬，其实从未"离岸"，反而是以"归岸"的方式踏上了异国的土地。

第二节　"蓬莱仙岛"与城市的幻象：
王韬的文化地理学

那么，在登船赴日的途中，王韬是怀着怎样的心情，去想象日本这一海外岛国的呢？在《扶桑游记》的序言中，他这样记录赴日途中的所思所感：

> 余少时即有海上三神山之想，以为秦汉方士所云，蓬莱诸岛在虚无缥缈间，此臆说耳，安知非即徐福所至之地，彼欲去而迷其途乎？顾自此东瀛始通，文字书籍由渐流入，其人之容貌音声、性情风俗，固有与中土相仿佛者。迨来与泰西通商，其法一变，前之所谓世外桃源可以避秦者，今秦人反从而问津焉。①

作为晚清文化名流，王韬必然读过《史记》。据《史记·秦始皇本纪》所载，"齐人徐市等上书，言海中有三神山，名曰蓬莱、方丈、瀛洲，仙人居之。请得斋戒，与童男女求之。于是遣徐市发童男女数千人，入海求仙人"②。这便成为后世想象徐福东渡日本的根据，甚至因此而误传中国人是日本人的先祖。而这里的"三神山"，便被

---

① 王韬：《扶桑游记》，商务印书馆，2016，第1页。
② （汉）司马迁：《史记·秦始皇本纪》，中华书局，2011，第245页。

理解为日本。

王韬也很可能读过《山海经》之类的古书(他在《新说西游记图像序》一文中曾提及《山海经》),或者至少听说过源自《山海经》的地理传说故事,里面有关于"蓬莱山"的最早的说法。在《山海经·海内北经》中,有"蓬莱山在海中"① 一语,虽然语意模糊,却指出了蓬莱山大致的地理方位。

这种民间传说的"地理启蒙"经历,在近代以前的中国人那里是十分普遍的。晚于王韬赴日的留学生周树人,就在他创作于1926年的一篇散文《阿长与〈山海经〉》(收入《朝花夕拾》)中,回忆了儿时的一段经历:他的保姆"长妈妈",特意给他买来了图绘版《山海经》,使得幼时的周树人,对这位长妈妈的态度由不满转向了心怀敬意。《山海经》是一部民间色彩浓厚的志怪类书籍,记述了各种神话传说、山川风物,在相对封闭的中国传统社会,《山海经》具有相当的地理学上的启蒙意义,它对童年时代的周树人开启异邦想象、建立传统意义上的"天下"观,起到了奠基作用。

从19世纪中叶至20世纪初,中国人的全球地理观念尚在缓慢形成中,并没有随着国门的打开而迅速走向现代化,此时主宰中国人,尤其是中国底层民众的地理观念,仍然是中华传统文化中的"天下""四夷"等观念。尽管早在1842年,魏源即在林则徐的授意下,根据译书《四洲志》编成了《海国图志》五十卷(后增补为百卷本),然而在此后的几十年间,这部初具现代全球地理意识的巨著,却只是在部分官僚士大夫阶层中流传,而在民间,由于民众的识字率低和印刷技术的不足,《海国图志》的传播范围十分有限。因此,在这一时期,如《山海经》一类自汉代以来便流传于民间的志怪书,仍然是民众了解、想象海外世界的依据。虽然在清代

---

① 王斐译注《山海经译注》,上海三联书店,2014,第334页。

中期，《山海经》一度被政府列为禁书，但依然无法禁绝它通过各种口述的形式在民间继续流传，这种口传文化（oral culture）兼具"空间的偏向"与"时间的偏向"①的特点，因而同宋元以后的戏曲、小说一样，在从古代到近代的中国的底层民众中有着强大的影响力。

但是，《山海经》对于异域的介绍，大多是在少量的地理知识和史实基础上进行的虚构与想象，因而所谓"蓬莱山"究竟在何处、为何人所居住，并未有明确所指，这便给后世留下了想象异域海洋文明的空间。

实际上，自汉代以后《山海经》及《史记》流传于世，一般都将"蓬莱山在海中"的"海"理解为渤海。在《史记·封禅书》中也有这样的文字记载："自威、宣、燕昭使人入海求蓬莱、方丈、瀛洲。此三神山者，其傅在勃海中，去人不远；患且至，则船风引而去。盖尝有至者，诸仙人及不死之药皆在焉。其物禽兽尽白，而黄金银为宫阙。未至，望之如云；及到，三神山反居水下。临之，风辄引去，终莫能至云。"②在这里，三神山虽然在渤海之中，"去人不远"，但变幻莫测、神秘难寻，这表明，在秦汉时代，航海意义上的地理学认知范围，基本上仅限于渤海湾，而在今人看来并不那么浩瀚的渤海，对古人来说确实充满了未知与神秘。那么相应地，远在渤海、黄海、朝鲜半岛之外的日本，更是一个遥不可及的存在。

---

① 在《传播的偏向》中，哈罗德·伊尼斯将传播媒介区分为"空间的偏向"与"时间的偏向"两类，前者指在空间上具有较强的横向传播力、但历史传承力相对不足的媒介，如报纸、广播，后者指在时间上具有较强的纵向传承力、但社会影响力相对较弱的媒介，如碑刻、羊皮纸。而伊尼斯所推崇的古希腊口头文化，作为一种听觉的媒介，本应属于"空间的偏向"，但是在历史传承方面也有着强大的生命力。参阅〔加〕哈罗德·伊尼斯《传播的偏向》，何道宽译，中国传媒大学出版社，2013。

② （汉）司马迁：《史记·封禅书》，中华书局，2011，第102页。

因此，所谓“蓬莱”即日本的说法，并无可信的证据，只是后世基于新的航海发现而做出的解读。但是在王韬那里，他刻意将蓬莱山在“虚无缥缈间”的说法推翻，认为徐福东渡之日本正是秦汉方士所谓的“三神山”，而在整部游记中，王韬也多次提及“蓬莱”“三神山”等词语，以及徐福东渡的典故。由此可知，基于《山海经》《史记》等传统经典的地理知识框架，构成了王韬的文化地理学图景。而从这一图景出发，他对日本的认知便是“固有与中土相仿佛者”，将日本人视为汉人的旁系，将日本文化定位为中华文化的支脉。因此，作为“避秦”之地的边地岛屿，经维新运动以后，“秦人”倒要主动游学日本，“反从而问津焉”，在发出这一感慨时，王韬的语气中流露出些许尴尬和无奈。

晚清至民国时期的旅日中国人，多有将日本比作“蓬莱”“三神山”之语，这一普遍的习惯性想象，体现了中国人对传统中国文化地理学知识的继承。在这一认知框架中，他们对日本各地山川美景、风土人情的观察，也就不自觉地从“发现蓬莱”“寻找世外桃源”的视角出发，将日本内化为中华文化的延伸之地。

带着发现“蓬莱仙岛”的文化地理学意识，王韬随船航行至日本，远观夜色中的长崎港，留下了对日的初印象。在《扶桑游记》中，王韬记录下对于长崎的观感：“夜半抵长崎，起从窗隙窥之，灯火参差，远近高下，约略如香港。”[1] 这里的记述虽然十分简略，却可以看到王韬将长崎比作香港。我们会看到，王韬在行游过程中，习惯于将日本的城市与自己所熟悉的中国城市做类比。例如在《芳原新咏》中，王韬就将东京与扬州相比：“殿春花放我东来，入梦繁华倦眼开。不数扬州花月盛，本来此处是蓬莱。”[2]

---

① 王韬：《扶桑游记》，商务印书馆，2016，第7页。
② 王韬：《扶桑游记》，商务印书馆，2016，第47页。

不过，这里的类比，却格外点出了近代长崎作为"口岸"的城市文化特色。从个人经历和城市史的角度来看，王韬在这里选择香港与长崎进行类比，并非偶然。

其一，从王韬的个人经历来看，香港是他非常熟悉的城市，并且他也是从香港登船开启日本之行的。其实，早在王韬游访日本的17年前，他就已经因避难清廷追捕而逃亡香港，并且，除去1867～1870年游历欧洲外，王韬先后旅居香港十余年，在此期间，他出于文史学者的眼光和兴趣，阅读了大量有关香港的史料，并写下了近代中国较早的关于香港史的研究性文章，可以说，王韬对于香港的了解是至深的，因而当他东渡日本，初次见到长崎之时，便自然而然地将长崎与香港进行类比。尽管时值视线不明的深夜，又是在行船的窗隙之中，王韬仅仅十分模糊地瞥见一点港口的光影（甚至可能只是渔船或商船的零星灯光），但他依然指认此地"约略如香港"，这其实是一种对于长崎的想象性"发现"，以其对于长崎的"期待"，弥补其视觉经验的不足。因此，与其说王韬因抵达长崎而忆起了香港，不如说，他是从对香港的记忆的视角，重新发现了长崎。① 长崎成为香港视角中的城市的"幻象"。

其二，更为关键的是，从中日城市发展史来看，尽管两国都有过闭关锁国的历史，但长崎与香港均为较早开埠的通商口岸，尤其是长崎，早在江户时代便已成为连接各国各地商品贸易往来、进行文化交流的窗口。因此，从全球文化互动的角度来说，长崎与香港是近代中日两国较早与异国乃至世界产生大规模商品流通和人际交流，从而

---

① 这里便能理解，为何王韬在记述了长崎"约略如香港"的文字之后，紧接着补充了一段对于长崎的知识性介绍："按：长崎自昔通商，今改为县治。《志》称其地物产丰饶，民俗巧慧，而土壤肥沃，尤甲他处。"参阅王韬《扶桑游记》，商务印书馆，2016，第7页。从王韬的学者身份来看，他在游访日本之前，很可能已对长崎有所了解，甚至为这次旅行特意做过"功课"，因此，尽管他并未登岸，却对长崎积累了知识性的记忆，从而构成了对长崎的视域"期待"。

迈入全球化进程的"先发"城市。① 而在 1854 年"黑船来航"、日本开国之后，长崎更是成为面向全球的通商口岸②，因此，所谓"灯火参差"，正是对现代商贸港口城市在视觉上的共有特点的描述，也点出了这座"口岸城市"的幻象性质。

在夜观长崎后的第二日，王韬登岸游览市景，他拜会了清政府驻长崎总领事余元眉，而后与旅日友人王也镜、王鹤笙相会，一起游览了长崎街市和博览会，其间在酒楼共饮。他在长崎虽仅停留一日，却与多人饮宴、同游，而在饮宴的同时，还招来了艺妓陪侍，以歌舞助兴。从这些描述中可见，王韬于这些人情往来、妓乐欢宴之事，是驾轻就熟、习以为常的，他对于长崎的观感，很难见出一丝"异文化发现"的生疏感或惊奇感。他仿佛仍然置身于中华大地，游走在上海或香港的街头，长崎成为中国城市的复制空间。

这样的情形并非孤例，在众多的游日笔记中，大都可以发现对长崎的类似观感。自江户时代以来形成的港口与航线的设置，使得许多近代旅日中国人的日本初站都设在长崎，他们或直接登岸，或只在行船中远望，便留下了对日本都市的第一印象。例如与王韬同期赴日的何如璋，如此记述初抵长崎港的观感："港势斜趋东南，蜿蜒数十里，如游龙戏海。尽处名野母崎，北则群岛错布，大小五六，山骨苍

---

① 不过，如果将长崎与香港的开埠史做进一步比较，其实会发现长崎的开埠史要远早于香港——前者是日本江户时代（1603—1868）几乎唯一的对外交流窗口，而后者的开放却是从 19 世纪中叶英国殖民者的介入开始的。但是，如果从开放的程度、商品流通的体量等视角来看，长崎的开放毕竟是在江户幕府的严密管控之下，它作为日本"窗口"的作用，其实十分有限。在"黑船来航"以前，日本"近世"时代的长崎以东亚地区的中国人和朝鲜人为主要贸易对象，而东亚之外的异国来客基本上只有荷兰人，并且，这些异国商人在长崎有幕府指定的居所（例如中国人被安排在"唐人屋敷"中居住，被严密监视，不得随意外出），他们的活动范围十分有限，因此，这一时期的长崎仍然是"向内"而非"向外"的城市，远不能实现"走向世界"的城市空间功能。

② 在"黑船来航"之后，德川幕府与美国签订了《日美神奈川条约》（又称《日美和亲条约》），开放下田、箱馆（函馆）为通商口岸；而后在 1858 年，日本又与美国及荷兰、俄国、英国、法国签订了"安政五国条约"，开放长崎、新潟、兵库、大阪和江户等地为通商口岸。

秀，林木森然，雨后岚翠欲滴，残冬如春夏时。沿岛徐行，恍入山阴道中，应接不暇。古所谓'三神山'，是耶非耶?"① 在这里，长崎仍然是作为"三神山"的风景之一而被游日中国人发现的，对于何如璋来说，步入岛上的丛林，与漫游在江南乡野之"山阴道中"的感受，是毫无二致的。

我们看到，如王韬、何如璋等晚清旅日中国人那样，或从"蓬莱仙岛""三神山"的传统文化地理学视角去"发现日本"，或从上海、香港等"口岸文化"的都市风景视角去构造日本城市的"幻象"，这样一种异文化行旅的"感知期待"，在甲午战争之后的旅日中国人那里也普遍可见。例如南社文人陈去病于1903年赴日考察，作旧体诗《大阪怀徐福》，也是将日本定位为徐福避秦之"三神山"之仙岛，想象为中华神州的海外居留地。而在许多清末文人那里，普遍存在将日本作为"避秦"之地的表述，实则暗喻了"避清"的政治心态，这种政治心态，在"三神山"这样的传统文化地理学的空间结构中流露出来。又如景梅九②1903年留学东渡，在船上远远望见对马岛③，于是就想起《史记·封禅书》所载"海上三神山，可望不可即。舟将至，风辄引去，终不得至"之说，"不觉失笑"④。这里的"失笑"是耐人寻味的：对于景梅九这样的支持革命的新派人物来说，即将来临的政治风暴、文化变革，犹如他所乘的轻快的舟船，是不可阻挡、无所不至的，但这种对于旧事物、旧时代而言的超越性力量，却被放置在一种十分传统的文化空间结构中来表征。

---

① 何如璋：《使东述略》，商务印书馆，2016，第4页。
② 景梅九（1882—1959），名定成，字梅九，曾参加同盟会，20世纪30年代以后隐居从事文史工作。景梅九1902年留学日本，1924年出版个人传记《罪案》。《罪案》较为详细地记载了中国革命党人在日本的活动情况，是近现代史研究的重要资料。
③ 对马岛位于朝鲜海峡中部，是日本的固有领土，隶属于长崎县。因旅日的航线经常从渤海湾或朝鲜出海，经过对马岛，因此对马岛成为许多旅日中国人对日本的初印象。
④ 景梅九：《罪案》，赵晓鹏、李安纲校注，中国社会出版社，2014，第17页。

第三章

东京的"风情"：王韬的都市异托邦体验

从王韬在横滨、镰仓等地小住后归东京，已是第三日——1879年闰三月三十日。这日是个雨后晴天，一位叫作本多正讷的日本华族来到王韬所居的精养轩。明治维新以来，日本改革了社会身份制度，将国民分为皇族、华族、士族和平民四等，其中的华族便是江户时代"公家""大名"的延续，拥有较为高等的贵族身份。本多正讷为大名的后代，家世显赫，具有较为深厚的文化修养。而王韬所居的精养轩，位于上野公园附近，自1876年开始营业，成为鹿鸣馆时代上流人士的社交场所，常常聚集一些贵族名流。在这样一个文明开化的标志性地点，本多与王韬互致寒暄，王韬接受了本多的请求，为其修改新作的汉诗，并收下其所赠礼物——半匹白纻和一册书。

本多早已闻知王韬大名，却不了解他的身份背景和来日目的，于是直言发问王韬官居何职，又探问他游日的缘由，并不无奉承地猜测"王氏巨族在中土必多显宦"。听罢本多的连番追问，王韬略有些尴尬，似乎触动了心事，一时哑然失笑。但他稍加思索，便对本多说出一番肺腑之言，自道心志。大意是说，我王韬也曾经在朝为官，官居五品，然而不幸因口舌惹祸，遭遇谗言丢官。不过，我向来就不是官场上追名逐利之人，没了官职反倒一身轻松，逍遥自在，正好巡游四海，增长见识，同时利用闲暇著书立说，乐得做一个自在文人。言语之间，王韬多少有些违心地说："（余）平生惧谒贵人，不好简牍，安贫乐道，处之怡然。"① 本多听完王韬的直抒胸臆，究竟是怎样的心情，不得而知，不过，他即刻便与王韬相约同游柳桥的青楼。王韬早就听说"东京柳桥多佳丽"，本多的邀约正中下怀，于是决定"会当一游，以领略此异地烟花、殊乡风月耳"②。

不过，在本多前来引游柳桥之前，王韬就先行游赏了东京的另一个更为著名的烟花之地——吉原。在会见过本多正讷的第二日，傍晚时分，王韬就随寺田士弧、佐田白茅等人，乘车前往吉原，在万年楼上饮酒作乐。他们唤来三名歌妓陪侍，王韬对其中一名叫作"桃太郎"的歌妓印象深刻，认为她"绰约可爱"。夜幕已深，饮酒至酣，三人都有些醉了，在歌舞弹唱之间，寺田士弧还作诗一首，用以称赞歌妓的曲艺与丽姿。

王韬曾在游日之行结束后回忆，在东京居留时，他过着一种颇为放浪悠闲的生活。他曾与黄遵宪"联诗别墅，画壁旗亭。停车探忍冈之花，泛舟捉墨川之月。游屐追陪，殆无虚日"③。这样奢靡享乐的生活状态，与栗本锄云等人邀其考察日本之先进文明的初衷，似相违背。不过，据王韬自述，他赴日的直接原因，是有日本友人用笔谈的方式向他夸耀日本"山川之佳丽，士女之便娟"④，再加上自古东游日本的中国人少有民间文士，因而建议他出游，开文士东游之先声。由此可以看出，王韬在游日之先，本就是抱着赏玩的态度去开启行程的，并没有十分明确的考察、学习日本社会文明的计划。而实际上，他的日本之行也的确是饱览了日本"山川之佳丽，士女之便娟"。尤其是他对日本妓馆的流连，成为日本之行的最为重要的一

---

① 王韬：《扶桑游记》，商务印书馆，2016，第23页。
② 王韬：《扶桑游记》，商务印书馆，2016，第23页。
③ 王韬：《弢园文录外编》，辽宁人民出版社，1994，第339页。
④ 王韬：《扶桑游记》，商务印书馆，2016，第1页。

部分。

从吉原到柳桥、新桥、根津，从万年楼到千秋楼、留佩楼、角海楼，在短短的数月行程中，王韬与日本友人频繁光顾东京的各大风月场所，欢饮达旦、听曲吟诗。而每饮必是招来多位艺妓相陪，其中名为"桃太郎""小胜""小铁"的歌妓，都与王韬多次相见，或调笑弄情，或泛舟湖上。王韬对这些女子颇有恋慕之情，常常作诗赞叹她们的姿色容貌与歌舞弹唱的技艺。

结合王韬对本多正讷吐露的那番关于官场失意但乐得逍遥自在的自道之辞，我们很容易理解，王韬的放浪青楼、纵情声色只是其远离政治权力的纠葛、逃避祸事的无奈之举，而这一点无疑继承了千百年来文人士大夫身上普遍可见的一种性情，即将政治失意寄寓于放浪形骸之中。因此，当日本友人质疑王韬，为何在知天命之年（王韬时年 51 岁）还如此风流好色时，他笑而回应称："信陵君醇酒妇人，夫岂初心？鄙人之为人，狂而不失于正，乐而不伤于淫。"[1] 这就是说，王韬自知他的醉饮于青楼只是同信陵君一般的自伤、颓废之举，并非初心，因而他虽身陷烟花之地，其心却"不失于正"，虽享乐浪荡却"不伤于淫"。他又称自己"嗜酒好色，乃所以率性而行，流露天真也"[2]，认为自己的酒色行迹恰恰是"真性情"、不流俗、不甘平庸的表现。

在这里，可以发现，王韬自谓酒色风流的原因，其实有两层：其一是人生失意、官场危局；其二是率性而为、性情使然。从王韬的一生经历来看，可以说，前者只是他放浪青楼的直接、表面原因，而后者才是更为根本的原因。实际上，青年时代的王韬就是风流成性、喜好冶游的放浪文人，而那时的王韬，在人生事业上正步入坦途，并未

----

[1] 王韬：《扶桑游记》，商务印书馆，2016，第 68 页。
[2] 王韬：《扶桑游记》，商务印书馆，2016，第 68 页。

遭遇信陵君一般的政治困境。20 世纪 50 年代居留上海时，王韬就曾流连于风月场馆，并为妓女撰文立传，出版香艳小说《花国剧谈》和冶游笔记《海陬冶游录》，颇有柳耆卿遗风。

这种"好色"或曰"风流"的文化传统，是自古承袭而来的。例如李白即有诗云："美酒樽中置千斛，载妓随波任去留。"（《江上吟》）这种将酒、色与某种豪放旷达的文人情怀相结合的做法，形成了中国古代文人的独特品格。这表明，在盛唐、晚明、晚清等一些历史阶段，或因为文化的开放，或因为"皇朝末期"的世风解禁，"好色风流"并非总受人鄙弃，反而经常成为文人自我标举，开阔人生眼界，提升诗文品格的一种方式，形成不同时代极为发达的"狎妓文化"。

这种"狎妓文化"传统，以"风流"作为一种积极品格，在王韬身上得以彰显。而当王韬以览"士女之便娟"为情感期待，东渡日本之时，他的这种"风流"的性情，便和东京妓馆的艺妓群芳形成了"视域的融合"，产生了一种特殊的异文化"风情"。

王韬所流连的东京吉原、柳桥、新桥等地，是自江户时代以来就逐渐成形的传统风月场所，集中了大量的下层"游女"（妓女）。尽管在明治维新以后，这些场所或有位置的搬迁或遭遇大火焚毁，与江户时代相比，有着地点、妓女人数等方面的区别，但是在这些城市内部空间中所形成的青楼文化，并未发生根本性的变化，仍然承袭了江户时代城市大众文化的特点。实际上，自江户时代以来逐渐成形的日本青楼文化，在"风流"之外，还形成了较为独异的品格，即所谓"色道"，以"意气"为男女之情的内核品质。

大正时代的哲学家九鬼周造，运用其德国老师海德格尔的现象学思维方法，对"意气"进行过极为精妙的阐释。在九鬼周造的分析中，所谓"意气"（意気），体现为三个不同的层次：一是男女之间为对方所吸引、构成一种二元存在关系的"媚态"（媚態）；二是江户人所具有的一种矜持、自傲的"意气地"（意気地）的品性；三是看破世事、淡泊人生的一种超然、潇洒的心情——"谛观"（諦め）。① 这三个层次反映在风月场中的男女交往之中，东京游女们与男性顾客常常相互爱慕生情，女性凭借其外表的"娇艳"（艶めかしき）、"色气"（色気）吸引男性，这便产生了"媚态"的男女关系。但是，"媚态"的关系却是不稳定的，因为只有当男女相隔，保持一种二元分离关系时，"媚态"才会存在，而一旦男女身心相合，男性"征服"了心仪的女子，那么"媚态"也就消失了。因此，为保持"媚态"，女性往往将自我升华而获得一种更为理想主义的品性——"意气地"，一些游女会抱有一种倔强、自尊的心气，有选择性地对待男性来客，甚至立下誓言——"有钱的粗人来多少次都不接"，采取一种与异性相对抗的强势姿态。而在一些久经情场的年老的艺妓那里，更容易发现一种超然于俗世、看透男女之情的无常的宿命观，也即所谓"谛观"，这是更为高尚的一种境界。

在王韬与东京青楼群芳的交往中，可以看到，他的"好色风流"，恰与日本青楼文化中的"色道"相合，因而尽管王韬这个异域来客并不懂得何谓"意气"，于日本男女露水姻缘之间的情感关系、交往方式并无真正理解，但他却能自如地穿梭于妓馆群艳之间，对风月之事驾轻就熟。首先，王韬秉持了"狂而不伤于正，乐而不伤于淫"的"狎妓道德"观念，在与日本游女相交时，即便醉酒而狂，也不失身份、不落轻佻，这与所谓"媚态"的品性是暗合的；其次，作为"中土"而来的文人高士，王韬在这些下层游女面前是尊贵而高尚的雅士，并非一般为买春而来的狎邪之徒，这与"意气"中有着较高境界的"意气地""谛观"等品格，也是相合的。因此，"风

---

① "意気"有时被译为"粋"，但这一译法离九鬼周造的本意较远，而媚態、意気地、諦め等概念，也有不同的译法，尚未统一。参阅〔日〕藤本箕山、九鬼周造、阿部次郎《日本意气》，王向远译，吉林出版集团有限责任公司，2012。

流"与"意气"在吉原、柳桥这样的特殊空间中形成了情感上的融合，造就了王韬与群芳欢饮达旦、流连忘返的和谐场景，富于游日的"风情"。对比甲午战争后留日中国人与日本下层女性的交往情形，其中文化交际原理的差异颇值得探讨。[①]

"风情"产生于"风流"与"意气"的融合，反映了王韬寻花问柳、好色风流的情感期待，与东京艺妓所谓"意气"的风月之情相合。而这种相合，只有在妓院这种城市内部的"异托邦"空间中，才能十分融洽地发生。

福柯所谓"异托邦"（heterotopia），是在"乌托邦"概念的基础上提出的。在20世纪60年代福柯的一些思想中，他将社会空间中为权力所规划的一种特殊空间称为异托邦。异托邦与乌托邦不同，乌托邦是虚构的、理想中的、属于未来的，而异托邦则是实存的、权力化的、属于当下的。在城市中，妓院正是这样一种真实的异托邦，它对"情欲"起到了管控与再生产的作用。

欲望是天然的、身体性的，但"情欲"却是在某种"人－人"关系中被生产出来的，体现了特定时代背景下有关恋爱、婚姻观念的主张。欲望是流动的、不稳定的，从来就与社会理性化的思想构成一种紧张的关系，因此，有关"情欲"的主张，常常需要国家权力、城市治理、世俗规范力量的介入，来对其进行管制或引导。在这些权力施用过程中，情欲往往被界定为"异常"，必须被限制在可控范围之内。但同时，这种权力的介入不但不会消灭情欲的主张，反而可能会生产出更多的情欲的表现形态，从而反过来对国家政治、城市法则、世俗伦理构成威胁。例如在江户时期，尤其是江户中期的元禄时

---

① 例如在郁达夫那里，由于自觉来自"弱国"的低微身份，郁达夫在与日本下层女性如旅馆的侍女、艺妓的交往中，不时感到来自对方言语和目光的"歧视"，深为这种耻辱的感觉而痛苦，并将这种痛苦上升为国族衰弱的耻辱感。其中恐怕存在"风流"与"意气"的误解与错位。在不同时代背景下，中国男性与日本妓女之间的交往，都呈现迥异的心理反应。

代（1688—1703），一度十分盛行的"心中"（也即情死、殉情）文化，就是情欲的主张极端化的体现。所谓"心中"，即是通过男女共赴黄泉的极端方式，使"意气"以一种宗教化、仪式化的方式得以实践，借此表达对亲人、友人所遵循的世俗人情伦理的不满与拒绝，从而实现个体自由与尊严。同时，通过身体的自戕，伸张一种爱情至上的主情主义观念，将身体中所隐藏的权力因素予以剔除，从而实现对政治法度、世俗伦理的抗拒。在近松门左卫门的《曾根崎心中》（1703）等戏剧文学中可以看到，主人公德兵卫正是与游女阿初恋爱，因遭遇挫折，最终走向了死亡。

江户时代所形成的城市妓院，是一种城市治理术下的"补偿性空间"，体现了权力对于情欲的替代性、补偿性治理。在日本政府颁布《风俗营业取缔法》（1948）和《卖春防止法》（1956）之前，像吉原这样的妓院群落都是合法经营的，是国家权力在城市空间内部所划分出的"情欲"的异质空间。在这一空间中，"异常"的情欲得以合法化，以看似合理、规范、正常的形式表现出来，因而在王韬笔下，可以看到，他与吉原游女们的情感交往是在一种极为融洽的快乐氛围中，在毫无伪饰与羞涩的"正常"状态下进行的。在东京妓馆之中、花楼之上，孑然一身的王韬在芳丛中寻得了情感的慰藉，获取了对"正常"情欲的替代性补偿，因而他曾作诗"戏赠"艺妓小胜，其中一句"遣与王郎伴寂寥"[①]，透露的正是这种有着浪荡公子之气的情感需求。

不过，与监狱、精神病院之类的城市异托邦空间所不同的是，妓院并不具有明确的强制性，也就是说，它是相对自由的，它并不像监狱之类的国家机器，能够运用强力手段将社会的不稳定因素都纳入其中，并加以监控。妓院在体现城市空间治理术的同时，又不断创

---

① 王韬：《扶桑游记》，商务印书馆，2016，第26页。

造、生产出对立于整个城市空间的异质性，妓院具有"创造一个幻象空间的作用，这个幻象空间显露出全部真实空间简直更加虚幻，显露出所有在其中人类生活被隔开的场所"①，换而言之，妓院虽然是真实存在的，但却是城市空间这个更大的"真实"之中的"幻境"。这个在城市空间内部但"脱出"于城市的另类空间，由于制造了一种男性理想中的、比东京更加像东京的"情欲的幻境"，妓院之外的意识形态"正常"运行下的东京反而显示了虚幻的色彩。在明治末期至大正初期的"花柳文学"中（例如永井荷风的小说），通过对青楼情缘、风月污淫的"正常"书写，上流社会那些看似体面、有风度的社交场合，反而显露了世俗风尚的虚假气质。

因此，对于王韬来说，他眼中的日本即是以东京为代表的少数都市，而他心目中的"真实的东京"，即是以吉原为代表的烟花之地。吉原妓馆，成为王韬构造东京、想象日本的来源。

王韬在饱览吉原群芳的艳景之后，曾作《芳原新咏》十二首，其中第一首总览东京盛景，尤其是对吉原之繁华兴盛的描绘，极尽铺陈。

> 东京为日本新都，壮丽甲他处，尤为繁华渊薮。每当重楼向夕，灯火星繁，笙歌雷沸，二分璧月，十里珠帘，邀游其间者，车如流水，马若游龙，辚辚之声，彻夜不绝，真可谓销金之窟也。烟花之盛，风月之美，以及色艺之精巧，衣服之丽都，柳桥、新桥皆所不逮。余偶从诸名士买醉红楼，看花曲里，览异乡之风景，瞻胜地之娟妍，觉海上三神山即在此间。爰即是日所见，为七绝十二章，聊付小红，藉浮大白。敢作柳枝之新唱，或

---

① 〔法〕M. 福柯：《另类空间》，王喆译，《世界哲学》2006 年第 6 期。

可补花月之旧闻云尔。①

如前所述，相较于黄遵宪、何如璋等其他晚清旅日中国人，王韬并没有特别关注明治日本的西化、现代化景观，而是更多地从《山海经》以来的"域外地理认识框架"来定位日本，将日本理解为中国文人放浪冶游的"蓬莱仙岛"，用中国古代的"仙妓合流"的笔法来描绘东京、京都等地的烟花盛景。② 在这段对都市盛景的描绘中，东京被构想为一座仙境一般的城市，尤其到了日落时分，城中灯火璀璨、人声鼎沸，"彻夜不绝"，犹如梦境一般，真正成了王韬理想中的"三神山"所在之地。

而这一幻梦之城，其实仅指东京吉原这一狭小的区域，并非整座都市。在这段辞藻华丽的描绘中，王韬有意无意地将吉原之景作为整个东京都市风景的象征和替代，他所谓"烟花之盛，风月之美"，看似直言妓院之景，却似乎又是对整个东京之景的概括，甚至可以说，王韬在这里将东京或整个日本都想象为一座巨大的妓院，从而替换了那个所谓的真实的东京或整个日本。王韬对于"蓬莱仙岛"的感知期待，在很大程度上就是一种"情欲的期待"，他通过对东京妓馆的冶游与书写，完成了"情欲期待"与"情欲幻境"的视域融合。

有意思的是，作为情欲补偿的空间，东京妓馆和王韬所熟悉的口岸城市，还有着一种微妙的联系。在福柯看来，殖民地和妓院是异托邦的两种极端形式：远方的补偿性空间和城市内部的补偿性空间。殖民地是帝国主义国家意识形态在海外的空间实现，体现了资本主义对于财富、物质的"欲望延伸"，因而恰好与妓院构成了"外向"和"内向"两种不同形式的异托邦空间。而凭借航海技术，船舶在世界

---

① 王韬：《扶桑游记》，商务印书馆，2016，第46—47页。
② 参阅潘德宝《王韬〈扶桑游记〉与日本冶游空间的建构》，《浙江师范大学学报》（社会科学版）2018年第3期。

各地自由往来，将殖民地和妓院连接在一起，故"船舶"是所谓的
"游动异托邦"。而在王韬这里，其所长期居住的上海、香港等条约
口岸城市，正是欧洲资本主义的海外异托邦，是欧洲人幻想中的
"欲望空间"。从这一背景下来看，可以说，通过船舶东渡日本的王
韬，恰是一位从"他者"的欲望空间，逃离至"我"的欲望空间的
文化历险者。

在晚清时期，大量的官派游日者，虽然身负探求"进步文明"
之道，向日本学习维新之法的任务，但在实际考察过程中，情感层面
的感觉结构、欲望主体仍然占据了主导，使得大多数的考察活动流于
形式，并未从日本那里真正汲取文明革新的理法。而即便是在王韬这
样深受"口岸文化"浸润、思想上先进开放的知识分子那里，我们
也会发现，他对日本的态度也受控于情感欲望层面的"儒家的感觉
结构"。虽然他口称"西方有圣人焉"，也十分清楚地看到了日本在
西化以后所获得的成功，但其实他的内在的、坚固的精神结构，仍然
从属于"东方有圣人焉"的儒家理想主义。因此，如香港这样的西
方"他者"的欲望空间，并不能给王韬带来精神上的安定感和关系
上的亲密感（这也可以解释，为何他在流亡22年后，最终还是要回
到上海，并且在他的晚年思想中，青年时代所具有的那种保守主义倾
向又重新占据了上风），而相比之下，反倒是近邻日本，作为中华文
化幻想中的"蓬莱仙岛"，恰恰能够成为晚清中国人的欲望空间，尤
其是东京妓馆这样的城市异托邦，很自然地成了王韬"好色风流"
之情欲的补偿性空间。

"口岸知识分子"深受传统儒学教育影响，即便于开放的口岸接
触到现代文化，也多是以吸收科技文化（而非政治经济、伦理宗教
文化）为主，即便他们游历世界，看到了欧罗巴之强盛、文明之发
达，也只是以"儒家的感觉结构"去理解其所见所闻，将视觉对象
内化到儒家文化的认知框架之中。以王韬为例，尽管他一再推崇西洋

的科技文明，毫不掩饰对现代物质文明的向往，但在他的感觉结构中，这种推崇与向往仍旧是以儒学意义上的"道"为旨归的，也就是说，一切的"现代"都必须被纳入"道"之中，才能够予以理解。但实际上，在现代欧洲的思想中，并不存在"器"与"道"的明确区分，在发达的物质文明中，总是蕴藏着西方之"道"，也即政治、经济文化，因而当王韬积极引入西方科技、物质文明的同时，又总是能察觉到夹带于"器物"之中的西方政治、经济、伦理、宗教文化对儒家之"道"的威胁，产生强烈的贬抑、拒斥之情。例如王韬的"真假基督徒"身份①，就典型地体现了这一代知识人身上的矛盾状态，这便是晚清"口岸知识分子"的文化困境。

或许可以说，这便是中国社会文化根系中的"超稳定结构"（金观涛语）在面对"世界文化"的来袭时，所做出的策略性的自我防护。在鸦片战争以后，诸多知识分子做出了种种努力，试图变革中国，使之跟上世界的步伐，寻找到自强之路，而游历西方和日本，也是这种努力中非常重要的一部分。但是通过对王韬游日的感觉结构的考察，可以发现，来自儒家传统的感觉结构依然发挥着强大的力量，它犹如一个巨大的万花筒，总是十分稳固地安放在游日中国人眼前。通过这一万花筒，王韬满眼看到的是东京繁华的景象，然而这种令人醉溺于其中的都市风景，不过是从"儒家的感觉结构"出发而达至的"感知的视域融合"而已。所谓"东京繁华"，不过是"长安繁华"这一汉唐文人美梦的海外替代物和补偿物。

在后面的章节中，笔者将尝试证明，这种都市风景的"感知视域融合"，一直延续至清末民初的留日潮时期，并在这一过程中逐渐发生微妙的变化。在郭沫若、周作人、郁达夫等留日学生那里，"儒

---

① 王韬早在 1854 年便受洗成为基督徒，但几乎不参加教会活动，并且在晚年的日记中对基督教文化大加贬斥。

家的感觉结构"依然是他们进行都市体验的前提和基础，但是通过对于"景观"的再发现，对于物质、日常生活和身体经验的再塑造，对于"个体"与"民族"和"世界"关系的重构，他们试图让情感感知的视域在异文化空间中获得再生，从而瓦解"儒家的感觉结构"，走向一种悬置了种种"主义"的"都市新感情"。

第二编　羁旅的情愫：异文化 景观的"向内再生"

　　清末民初，大量的海外旅行活动体现了中国人的文化焦虑感，也即对传统中国现代转型方式的急切追问与探索。在跨域旅行活动中，文学层面所谓的"旅行的现代性"①，正是在这一文化背景下出现的。因此，当旅日中国人跨出国门，行游日本，感受日本的风土人情时，他们就总是在感知模式的"现代转型"的大背景下，来考察、体味日本的。

　　而在旅日中国人的跨域旅行活动中，作为"观光客"出现的旅行主体，常常从留学学校这一相对封闭的空间中逃离出来，摆脱了日常的生活、思想状态，更能够体现文化"相遇"的偶然性特点。所谓"观光客"（tourist），和更为宽泛意义上的"旅行者"（traveller）

---

① 参阅唐宏峰《旅行的现代性——晚清小说旅行叙事研究》，北京师范大学出版社，2011，第219—221页。

不同：旅行者是跨地域的行游者，可能有着较为明确的行游目标，例如求学、访问等，而观光客则常常随性而行事，并无十分明确的"观光"目的。因此，观光客主体对于文化"他者"，更富于开放性，从而能够对外界敞开心扉。观光客常常对异文化持否定的态度，但这种否定往往是在某种更加深刻的文化同一性背景下产生的，虽然它以保卫自身文化主体性的姿态出现，却从另一个"否定性的同一性"层面，促成了文化共同体的再组织。

本编通过考察郭沫若留学福冈时期的游记散文《今津纪游》（1922），解析郭沫若的《女神》《星空》等留日诗歌，来探察作为观光客的留日学人，其感觉结构是如何在一种"向内再生"的矛盾状态中发生变革的。同时，本编将考察清末民初旅日中国人的都市感知空间，发掘旅日文学中所谓"球土化"的文化景观再现，并提出"都市虚托邦"的认知概念。

第四章

留日的感知重构：郭沫若的"观光客"
体验与景观的再生

第一节　作为观光客的郭沫若

1922 年 2 月的一天，恰逢晴日，虽是清晨，但在日本的九州岛上，已不太能感受到春寒。在福冈市九州帝国大学就读医科的中国留学生郭沫若，一早便兴冲冲来到学校上课，不料却被告知内科的课程已暂时休讲，而其余的课程，并不能引起这位半是医科生、半是文学家的旅居者的兴趣，只有下午两点后的检眼实习课，是他觉得不能不参加的。他在图书馆翻看着旧报纸，心中的无聊感倍增。

这里所谓的"无聊"（boredom），含有两层意思。

一是时间的空虚感。人与动物是不同的，动物活动在封闭的世界之中，受生物性的本能所驱动，并沉浸在欲望的世界之中，对自身的生物性本能无法进行省思。而人的复杂之处在于，人虽然也具有动物一般的生物性本能，却能够在文化熏陶、教育培养的过程中，对自身的生物性本能进行省思，使人之主体向世界敞开，从而超越、克服本能。在这一过程中，"无聊""空虚"作为一种对自身动物性状态的自觉反省而出现，乃是一种拉长的、延宕的时间感。

从宏观历史的"文明的进程"视角来看，所谓"文明开化"，正是一个超越动物性本能的过程[①]，其中便包括留学活动。从清末民初留学活动的性质来看，这种大规模的异国旅行，主要即是为了通过先期开化的日本，学习西方"现代文明"，而在"西方＝先进文明；中国＝落后野蛮"的二元框架中，留学生在留学经验之先的那个传统文明熏陶下的主体，就被视为需要被荡涤、淘洗甚至弃绝的对象。对于郭沫若来说，无论是大学医科的学业，还是业余的文学创作，都是他克服旧的、蛮性的文明，进行主体置换的方式，他借助这些活动，能够获得一种充实、紧张的时间感，而一旦课业暂停、无所事事，时间被拉长、延宕，便产生了无聊、空虚的反应。

二是对日常生活的厌烦感。所谓"日常生活"（everyday life），是在西方近代工业社会之后，按照资本主义精神所发明的一种都市生活状态。在科层制（bureaucracy）社会中，日常生活被注入了高度理性化、机械化的精神。日常生活从农业社会中的"每日生活"（daily life）中分离出来，使时间进入线性循环，使人的生活状态表现为重复性、单调性。而在教育领域，现代大学也开始引入了科层制的管理模式——虽然大学生活仍然相对独立自由，并不能完全与工作领域的"日常生活"相提并论，但现代大学却在教师和学生纪律、课程修读规则、宿舍管理等方面，渗透了科层制管理的要素，因而使得大学生活、大学文化愈加具有日常生活的特点。

欧洲现代"大学"（university）的雏形，源自中世纪所谓"12世纪的文艺复兴"[②]，最初是一种教师与学生组成的、类似于行会的组

---

① 在晚清中外文明论中，多有将某国或某民族比喻为动物的情形，例如将中国比喻为"睡狮"，即是梁启超等晚清学人所发明的一个"自我东方化"的意象。其背后隐含着西方文明进化论的思想。

② 参阅〔美〕查尔斯·霍默·哈斯金斯《大学的兴起》，王建妮译，上海人民出版社，2007，第4页。

织。其后大学经历了启蒙运动带来的理性化变革，开始从原有的中世纪行会演变为现代院系制、教授制大学。近代日本学校仿照欧洲学校的教育管理制度，对于在校学生的学习与生活都设立了诸多规则予以约束，使大学生活带有现代日常生活的特点。根据黄福庆的《清末留日学生》所载，当时学校考虑到留学生基础知识较差的情况，还专门设立了针对留学生的特殊学堂（例如东京弘文学院），这些学堂在课程修读的小时数、上下课的时间等方面，都颁布了较为详细的规定，一些学校甚至要求学生必须住校，以便规范管理。[①] 因此，中国留学生进入日本学校就读，往往是从以前那种相对松散的学习生活状态[②]，进入了西式的、相对严格的日常生活状态中。就读于九州帝国大学的郭沫若，早已熟悉了学校的日常生活法则，所以在"何时何地上课""几时几刻下课""几时几刻到图书馆"等标准化、程序化、重复性生活中，自然地生出厌烦的情绪来。

彼时的郭沫若，回忆起两年前与田汉同赴福冈西公园看樱花的情景，于是临时决定利用这半日的时光，独自前往西公园游览。西公园是福冈地区最为著名的赏樱胜地，站在公园内的小山山顶，可以远眺博多湾。郭沫若自冈山迁来九州帝国大学，已有四年时间，因而对于福冈这座小城的交通线路、市内名胜古迹的位置，都已颇为熟悉。他十分顺利地乘上了市内电车，仅用30分钟时间，便赶到了西公园大门。可是，还未等他步入园门，一个新的计划便产生了。他知道，从西公园搭电车到今川桥十分快捷，而今川桥有火车可以到达今津——那里有郭沫若憧憬已久却未曾游览过的"元寇防垒"。于是他果断地踏上行程，并为自己的临时计划感到兴奋，憧憬着去那里的海

---

① 参阅黄福庆《清末留日学生》，载《中央研究院近代史研究所专刊》1975 年第 34 期，第 87—104 页。
② 例如鲁迅在《琐记》（1926）中所回忆的，在留日之前的江南水师学堂，那时学堂里盛行的是看"闲书"的风气，而学堂本身也面临被裁撤的可能，因此在管理上十分松懈。

堤上学德国诗人利林克龙的"披襟怒吼"①。

在这里，郭沫若已经开始从"旅行者"的状态中脱离出来，获得了"观光客"的身份。如果说作为旅行者的郭沫若，是在学校里认真听讲、埋头读书、渴望从异域文明中求取真经的"苦学生"，那么于课业间取得"闲暇"，并利用这一闲暇走出封闭校门的郭沫若，便成了一位以探察美景为目的的观光客。

"闲暇"（leisure）是日常生活中的"非日常生活"经验，蕴含着超越日常生活的可能性。与日常状态下的"苦学生"郭沫若相比，作为观光客的郭沫若在闲暇时刻中的行动是漫无目的的，具有偶然、多变的特点。尽管他初以西公园为目的地，而后又转换为赶赴今津，但无论是去往西公园还是今津，他都仅以想象中的美景为目的，并无任何现实功利性的打算。这种一时兴起、随性多变的漫游，将郭沫若从学校的日常状态中分离出来，使其异域文化体验有了更多的偶然性、开放性。异文化景观，常常在观光主体的率性游动中，以"主体-景观"的"相遇"（encounter）为特点，因而有了更多的可能性。

在郭沫若游览今津的过程中，随时可以发现这种主体与景观及各色人物的"相遇"，由此产生的种种情感与心理反应，均是在一种无秩序的场合中突然发生的。

首先是轻蔑感。郭沫若在今川桥下了电车，随即购买了前往今津的火车票。当他闲坐在车站里等车时，眼望着站外纷繁喧嚣的街道，忽然生出一种"敌忾心"来：他想到，日本人好说中国人的不洁，鄙夷中国城市街道的肮脏与混乱，可是看眼前的景象，这日本的"文明"城市，却也未见得有多么干净整洁。由于大正时代的日本城市街道仍以混合了石子的泥路为主，因此每遇风雨天，一些穷街陋巷

---

① 利林克龙，今译利林克隆，郭沫若自述曾读过利林克龙的传记，知道了这位诗人曾站在德国北海的配尔屋牟岛（今译佩尔沃姆）高堤上临风披襟、高叫出激越诗调的事迹。

就变得泥泞不堪、难以立足。此外，由于排水系统的欠发达，城市积水也成为一大隐患。彼时的郭沫若看到街边水沟中的积水之肮脏，便形容其好像"消化不良的小儿的粪便"，而竟然有日本妇女将地摊摆在这水沟之上，售卖烧烤山榛，实在是富于"日本的风味"。

尽管郭沫若对这种"日本的风味"讽刺连连，但他随后便自嘲道："中日两国互相轻蔑的心理，好象成了慢性的疾患，真是无法医治呢。"① 在此处可以发现，在车站中闲看风景的郭沫若，似乎产生了一种分裂的意识：一方面，肮脏杂沓的城市街道勾起了郭沫若的屈辱记忆，对于日本人嘲讽中国人之不洁，郭沫若颇不服气，因而多少有些逆反、刻意地抓住了日本人之不洁，来加以轻蔑嘲讽，这种"洁与不洁"的争论，其实暗含了对"卫生的现代性"的体认，以及西方现代文明观谱系中的权力争夺②；另一方面，郭沫若似乎对这种"互相轻蔑"的文化心理有着某种反省意识，形容其为"慢性的疾患"，将鄙薄日本的自己也作为嘲讽、反思的对象，从而不自觉地超越了"洁与不洁"背后的文明论框架，分离出一个新的、自我反省的主体。

其次是失望感。在乘过火车，转乘渡船登岸之后，郭沫若又行了不少冤枉路，好不容易才找到了今津村。可是还未走到目的地，他就在途中购买的"花邮片"上，提前看到了"元寇防垒"的照片，不禁大失所望。所谓的"大堤"，原来不过是这样低矮、不起眼的杂乱石堆，根本无法引起利林克龙般的激昂诗情。随后不久，当郭沫若亲眼看到了乱石狼藉，不过百丈长的"元寇防垒"时，再与手中的照片做了对比，更是连连感叹"冤哉！冤哉！"所谓的大堤，远不如想

① 郭沫若：《今津纪游》，载《郭沫若全集·文学编》（第12卷），人民文学出版社，1992，第309页。
② 参阅蒋磊《在东方与西方之间：现代旅日作家的文化体验》，社会科学文献出版社，2014，第150—158页。

象中的那般宏伟壮观，令人甚为失落。

在这里，对"元寇防垒"的失望感，源于游览前的过高的期待。而这一期待，却是在复杂的"文化景观"的想象性对照中产生的。1914 年，郭沫若是先乘火车经东北、朝鲜半岛，再渡海到达日本的。当火车经过山海关时，郭沫若初次望见了万里长城，不禁赞叹古人建造这一奇迹工程的伟力。而在这之后，他又在利林克龙的传记中读到了这位德国诗人立于高堤之上临风诵诗的奇事，于是幻想自己也能有机会登临长城，模仿、体会利林克龙的壮怀豪情。因此，当他在东京一高的历史课上首次听闻福冈市今津地方存有"元寇防垒"这一古迹时，当时便心向往之，欲探访凭吊元兵踏足过的地方。可以发现，郭沫若对日本景观"元寇防垒"的期待与想象，是在与山海关长城的对照中产生的，而在这之中，又掺入了他通过文字阅读所展开的对于德国北海小岛上高堤景观的想象。于是，在中、日、德三种不同"文化景观"的交错之间，诞生了郭沫若的诗情，他自觉地将火车车窗中远眺长城的视觉经验、对德国诗人传记中所述小岛海景的阅读经验，以及日本学校课堂中所述"元寇防垒"的知识性经验糅合在一起，共同构成了诗人主体的浪漫情怀，从而在全球多元文化景观的混杂视域中，重构了主体对于景观的认知框架。而郭沫若对"元寇防垒"实景的失望之情，正是这种已然成形的认知框架遭遇感官经验的挑战、有所震动的自然反应。

再次是快适感。在大堤上抒发了一番怀古之情后，郭沫若便去攀登了附近的狮头峰。这山虽然不高，但心里惦念着还要赶回学校去参加下午两点的检眼实习课，于是脚步就加快了些，再加上饮水不足、口渴难耐，以至于登山时气喘吁吁、筋疲力尽。可是在山顶饱览了海湾的美景后，郭沫若似乎又来了精神，下山的脚步也甚为轻快，甚至当他路遇两位工人向他借火点烟时，他还十分跳脱而浪漫地将他们想象为两位少女，想象自己与少女相遇，如同《忏悔录》中的卢梭在山中与少女相遇，或《列仙传》中的郑交甫遇见江妃二女。此时的郭沫若，体验了登山的苦楚与下山的快意，他从快感与不快感中，引出了关于善恶伦理问题的感想，认为《国语》中所谓"从善如登，从恶如崩"，应该反过来讲，因为登山是苦痛的，是"恶"，而下山则是快适的，是"善"。

郭沫若将登山活动中身体的快感与不快感，同善恶伦理问题联系在一起，其实是缺乏逻辑的。如同他将登山偶遇的工人想象为少女一样，这些秩序混乱的浮想，其实都反映了登山、旅行作为一种非功利的、自由随性的身体活动，在无秩序的、复杂多变的感知体验中，创造出身体感知与思想观念之间的联系。在郭沫若登山、观景、下山的过程中，通过游览者主体与各色景物、人物的偶然相遇，在一种看似有些怪异的幻想中，赋予了"快适"这种纯粹的身体感知以伦理意义，如此一来，游览者主体便重新发现了自我，使自我获得了伦理改造。

最后是恋慕感。发现游览已经"超时"，无法赶上课程的郭沫若，也只得乘上慢悠悠的渡船回返。在意外搁浅的渡船上，郭沫若与对岸开出的另一艘渡船相遇，两船交错之间，他与那船上的日本女子目光相接。这时的诗人郭沫若，再次进入了"罗曼蒂克的梦游症"状态，他幻想自己是遇见江妃的郑交甫或遇见美丽少女的卢梭，他想象对面船上女子的眼神里有着几分羞涩，由此，他进一步展开了卢梭式的臆想，想象女子如何邀请男子同游、嬉戏，羡慕卢梭曾经有过的艳遇。

郭沫若与陌生女子在渡船上的目光交接，与法国诗人波德莱尔所谓"末见钟情"的都市情调颇为相似。而在郭沫若留学日本的同时期，大正文坛的主将如谷崎润一郎、芥川龙之介、佐藤春夫等，都有过类似的情感体验和文学描写。这种来自陌生人之间的"瞬时交往"、幻想性恋情，在晚清游日中国人那里几乎是不存在的。这很好地说明了，在王韬等人的游日"风情"中，风花雪月之情不过是传统的感觉结构的延伸，是一种预设的、稳定的艳情体验。而在留日知识人那里，一种全球性的多元文化景观观念已经悄然开始发挥作用，这使得郭沫若等这些异国观光客，常常是在一种无秩序的、主体与他者的偶然性"相遇"之中，突然生发出多元文化"幻觉"，这种幻觉却被观光客想象为浪漫的恋情。在郭沫若与日本女子的"一瞥之间"，从郑交甫到卢梭，不同时代、地域的恋情故事在这里发生了叠合，使得浪漫多情的郭沫若幻想出一种恋慕感，仿佛是对中国古代男性的"仙游"想象的因袭，也是对欧洲启蒙运动中卢梭的"欲望的祖露"的模拟。

可以看到，无论是行游"元寇防垒"古迹途中的轻蔑、失望感，还是登山、乘船活动中的快适、恋慕感，这些羁旅的情愫，都是在"主体－景观"相互敞开的境遇中发生的，在这一过程中，观光客的眼界是开放的，尽管他总是以主体的既定存在为基础，试图将所见所闻都"向内"纳入主体的感觉结构之中，但是，在"主体－景观"的偶然性相遇、互动过程中，主体的情感反应却不断地再生产出主体的非同一性，从而悄然地对主体的感觉结构进行了再塑造。作为观光客的郭沫若，正是在一次又一次的景观体验中，通过与日本的大海、山川、花及人群的相遇，重塑了主体的情感感知结构，同时也对这些异文化的景观进行了心理上的改造。

第二节　景观的再生：郭沫若笔下的
大海、山川与花

其实从近代日本观光业的发展来看，郭沫若在九州所游历的许多风景，如博多湾、松原、太宰府等，正处于观光产业大肆宣传改造的时期，无论是观光线路的塑造、"景点"的发掘，还是服务于观光产业的种种配套设施、商业机构，都已经开始出现，而这种观光产业的兴起、对地方性的"日本风景"的打造，一方面源于日本进入工业文明后，现代商业资本的扩张需求，另一方面，也与日俄战争之后日本国家主义思想兴起、文化民族主义情绪的高涨有关。甚至可以说，后者的因素要远大于前者，因为在 20 世纪早期，初步成为资本主义强国的日本，急需在国际舞台上扩大自己的影响力，而针对观光客宣传，以及日本美好形象的构造，就变得十分重要。在当时针对旅游从业人员印行的《日本旅行协会读本》中，就十分明确地列出了推进观光产业发展的几大目标，其中便包括"促进国际亲善""面向国外宣扬本国文化"等①，因此，观光产业对风景的塑造，可以上升到一种国家层面的政治行为来加以看待。

因此，作为观光客的郭沫若，在行旅之中的种种活动，也常常合乎日本观光产业背后的商业与政治意识形态逻辑，他经常不自觉地遵循这样的逻辑，按照既定的认知框架去发现风景。

从日本近代观光产业的逻辑视角来看，观光客眼中的风景（landscape）是一种动态的文化实践，它总是在某种社会文化结构或意识形态的支配下，将风景再现为人造的"景观"②，而一旦这种作为幻象的景观在观光客主体经验中形成，它就被建构为既定的、自然的、真实的样貌（例如郭沫若几乎将所有的九州风物都辨识为"自然的"，因而他的因景生情也是"自然底追怀"，与日本无关）。并且，在景观的形成过程中，巨大的社会文化结构将对观光客主体加以询唤（interpellation），使主体成为景观结构中的主体。

在视觉文化研究学者 W. J. T. 米切尔看来，风景是文化的中介，

---

① 〔美〕乔丹·桑德：《近代日本生活空间：太平洋沿岸的文化环流》，焦堃译，清华大学出版社，2019，第 265 页。
② 这里的"景观"并非西方后现代语境中的"spectacle"（景观、奇观），而是指偏重于主体能动建构的"幻景"（mirage）。

"通过在其观者与其作为景色和地方（sight and site）的既定性的某种关系中对观者进行质询，这种关系或多或少是决定性的"①。因此，可以看到，作为观光客的郭沫若，常常陷入日本文化景观的地方性文化秩序中，例如他所乘坐的电车、火车、渡船等交通工具，在很大程度上是由大正时代的观光产业政策所引导而设的；他在今津等地游览时，多有购买"花邮片"（明信片）、旅游纪念品等行为，这都十分合乎观光产业的商业逻辑，同时也暗合了日本官方对"地方性风景"的塑造。② 甚至在面朝大海之时，郭沫若的浪漫抒情也隐然投合了日本政府对于"海上观光"的政策。③

但是，从郭沫若的文学创作总体情况来看，他对所谓"日本风景"的询唤，其实更多为能动的"抵抗"。常常可以看到，他所歌咏的大海与山川，往往超出了"日本"的文化界限，反而更多地向"中华文化"内部靠拢，同时又向外扩展，再生为多元复杂的"全球景观"。

福冈市的博多湾，是郭沫若诗情生发之地。逢到课余或假日，郭沫若常去博多湾，在那里寻找诗歌创作的素材与灵感，他也曾抱着自己的小儿在博多湾洗海水浴，让小儿的身体在与汹涌浪涛的搏斗中训练得更加强健。在《追怀博多》（1942）中，郭沫若也曾回忆，《女神》和《星空》的诗情基本上都源于博多湾。可是，从观光客的视角来看，博多湾这一日本景观，和异乡客郭沫若的情感体验之间，

---

① 〔美〕W. J. T. 米切尔编《风景与权力》，杨丽、万信琼译，译林出版社，2014，第 2 页。

② 1894 年，志贺重昂的《日本风景论》出版，一时成为畅销书。尤其是在甲午战争后，随着日本国民国家主义思潮的高涨，以《日本风景论》为代表的"地方性风景"的发掘与宣传以及再塑造，成为持续不衰的热潮。在明治末期，美术明信片开始流行，将一幅又一幅经由绘画技法或照相技术改造过的"日本风景"，定格为可供反复欣赏的"景观"，而郭沫若等留日中国人所购买的明信片，正是这种接受了近代文化改造的"景观"的载体。

③ 正是在郭沫若频繁涉足博多海岸的 1919 年，日本众议院议员小西和提出了"国家公园法案"，出版了《濑户内海论》，强调海上观光的重要性，日本政府开始有意识地推进日本海岸的景观化。参阅〔日〕富田昭次《观光时代：近代日本的旅行生活》，廖怡铮译，（台北）蔚蓝文化出版股份有限公司，2015，第 121—122 页。

并非简单的主客体"移情"，或"感物"、物我两忘之类的关系。作为观光客的郭沫若，身处"中－日－西"交错的异文化空间之中，其"情"的生发，总是投合于内在的、既定的感觉结构，但恰恰又是在这一投合、追靠的过程中，自然风光被书写、再现为文化意义上的"景观"，观光客主体通过这种书写与再现，悄然实现了感觉结构的变革。

在小说《残春》（1922）中，郭沫若这样描绘博多湾的风光：

> 博多湾水映在太阳光下，就好象一面极大的分光图，划分出无限层彩色。几只雪白的帆船徐徐地在水上移徙。我对着这种风光，每每想到古人扁舟载酒的遗事，恨不得携酒两瓶，坐在那明帆之下尽量倾饮了。[1]

与诗歌不同的是，在《残春》中，郭沫若更愿意采取冷峻婉曲的笔调，将深厚的情感隐藏在文字背后，而非直接宣泄而出。[2] 在这段博多湾美景的描写中，叙述者的心态是沉稳的，他因景所生的浪漫的怀古之情，较为克制地掩藏在白描式的笔法之中。同晚清游日中国人的"蓬莱仙岛"想象类似，郭沫若在这里将博多湾设想为古代中国文人"扁舟载酒"之地，通过对日本风光的怀古幽情的抒发，传统的"儒家的感觉结构"在此显现。可以看到，在郭沫若的许多小

---

[1] 郭沫若：《残春》，载《郭沫若全集·文学编》（第9卷），人民文学出版社，1985，第20页。

[2] 这种差别的原因固然在于诗歌与小说文体的不同，但也可能和郭沫若的经历相关。在写作《女神》等诗的1920年前后，郭沫若经历了和佐藤富子的恋情，并与其生子，同时在学校又狂热地阅读歌德、惠特曼等欧美诗人的诗作，思想和情感上处于极度张扬热情的状态；到了写作《残春》和《未央》（1922）等小说时，郭沫若的家庭生活逐渐进入成熟期，同时在个人事业方面，他几乎放弃了医学课业的学习，而是将全部精力投入文学活动，他与田汉、郁达夫、张资平等人在东京组织成立了创造社，其思想和文学主张进一步确立、成熟起来，因而能够以更为沉稳的心态进行写作。

说和散文中，尽管所述事件发生在日本，但其故事讲述却几无"日本味"，反倒像是在记述中国某地的故事。例如在小说《未央》中，对于海岸、森林、古庙、茶舍等景物的描写，都充满了中国味的"古趣"。而这样的情形，在其他留日文学创作中也大量可见。这种借日本的风光表"中国之幽情"的写法，使得日本的大海、山川、河湖、花、树等风景对象，都被赋予了一种中国古典审美的情调。

在《自然底追怀》（1933）一文中，郭沫若回忆起福冈时期所建立的自然观念，认为那时"对于自然的感念，纯然是以东方的情调为基音的，以她作为友人，作为爱人，作为母亲"①。这里的"东方的情调"，如果从郭沫若的诗歌创作实践来看，其实就是"中国的情调"，而非"日本的情调"。并且在郭沫若追怀自然的知觉过程中，这种"中国的情调"，占据了"友人、爱人"甚至"母亲"的位置，是诗人"发现自然"的认知基础和文化装置。

不过，1933年流亡日本时期的郭沫若，已然没有了欣赏"东方情调"的心情，因而他说，"但是这一种情调至今完全消逝了，特别是在这所谓非常时的日本国土上，我们要憧憬自然，我们只好驾着幻梦的翅膀飞入别一个星球"②。这种情调的消逝，一方面，和郭沫若前后两次赴日的不同境遇相关，另一方面，也源于诗人通过风景的书写、情感的再生，将"东方的情调"做了感知结构层面的置换。在异文化景观中，观光客主体通过感知的能动性，变革了风景对象，对风景对象中所隐含的既定文化关系进行了改造。

在《女神》《星空》等诗集中，随处可见的是，郭沫若在既定的、传统的感觉结构中，总是让主体通过情感的抒发，自由地向外界

① 郭沫若：《自然底追怀》，载《中国现代文艺资料丛刊》（第4辑），上海文艺出版社，1979，第227页。
② 郭沫若：《自然底追怀》，载《中国现代文艺资料丛刊》（第4辑），上海文艺出版社，1979，第227页。

敞开自身，由此获得感觉结构的彻底改造。例如在"凤凰涅槃"这个著名的意象中，正是通过描绘"凤凰"这一中国古典文化中"死而再生"的审美形象，表达了诗人以面向中华文化"内部"的姿态，试图"向外"借力，从而获得新生的复杂心情。在长诗《凤凰涅槃》（1920）中，"凤凰"源于《庄子》《演孔图》《广雅》等古书中所述之神鸟，拥有翱翔于天地、四海之间的神奇伟力，因而获得诗人的赞颂。[①] 但是，诗人却在凤凰神鸟甫一出场之时，就宣告其"死期将近了"，并使之在烈火中焚烧。这便隐喻了传统的、古典的感觉结构，必然在凤凰神鸟式的四海巡游之中，获得全新的改造与蜕变。在神鸟蜕变、再生的过程中，"大海"是一个反复出现的意象，例如诗人想象大海的"潮涨"即预示着"死了的光明更生了""死了的宇宙更生了""死了的凤凰更生了"[②]，这种"海"的书写、关乎于"海"的博大情怀，很可能来自诗人在博多湾的切身体验。可以想见，诗人常常从古典的、"凤凰"的视角来观察博多湾的海景，然而在主体与景观的交互之间，在汹涌的海浪与澎湃的诗情相融合之时，诗人的感觉结构已悄然发生了变异。

在《晨安》（1920）中，郭沫若描绘了一幅犹如梵高的《星空》般的壮丽画景。在这幅充满了动态感、变乱感的图景中，大海是"常动不息"的，蕴含着躁动不安的力量，仿佛随时会掀起滚滚巨浪；晨间的阳光是"明迷恍惚"的，闪耀着炫动的光芒，暗示了诗人迷茫、失控的情绪；在大海之上、晨曦之中，风起云涌、波涛如

[①] 值得一提的是，郭沫若在创造"凤凰神鸟"这一意象时，虽然以中国古典文化中的"凤凰"为原型，却又十分奇怪地借用了"天方国"（今阿拉伯半岛一带）古代关于"菲尼克司"神鸟的传说，而整首诗的灵感也是源于"菲尼克司"神鸟出生五百年后便自焚而获新生的情节。这种异文化传说意象的拼贴、再创造，同样反映了郭沫若在诗歌创作中所遵循的"向内再生"的文化结构。

[②] 郭沫若：《凤凰涅槃》，载《郭沫若全集·文学编》（第1卷），人民文学出版社，1982，第43页。

怒，犹如诗人胸中燃烧着的激情。在这首诗中，郭沫若连续铺排了数十个表达激情的词，几乎每一句都以"晨安！"开头，以"呀！"结尾[1]，运用这种粗犷的手法，博多湾的海景已全然被混乱无序的主体情感改造为幻境，而狂叫着神游于海上的那个"我"之主体，既是身居九州岛、面朝博多湾的诗人的"我"，又是超地域、超时代，跨越全球七大洲四大洋，面向晨光乍现的"未来"的"我"。也就是说，"我"在此幻化为了无数个分身，既立足于现实存在的博多湾风光之中，又狂躁地超越了现实，将并未踏足过的想象性空间和遥不可测的未来时间统统纳入了当下。在这一过程中，诗人狂热喷涌的情感具有了超时空的全球化意义，它将博多湾再生产为一种现代性"全球景观"。

在《浴海》（1919）、《光海》（1920）等诗篇中，大海富于生命的欲力，蕴藏着即将暴发的山涛巨浪，在阳光放射出无限的光辉、海浪拍击出激昂的乐音之时，诗人眼中的海景完全成为主体情感的投射之物，大海完全变成了"我"的化身。这种写法赋予外物以无穷幻境的想象，在很大程度上抛弃了以"物－我"关系和"心－我"关系为基础的中国古典诗歌的抒情传统。

试看《光海》的开头部分：

> 无限的大自然，
> 成了一个光海了。
> 到处都是生命的光波，
> 到处都是新鲜的情调，
> 到处都是诗，

---

[1] 郭沫若：《晨安》，载《郭沫若全集·文学编》（第1卷），人民文学出版社，1982，第64—65页。

到处都是笑：

海也在笑，

山也在笑，

太阳也在笑，

地球也在笑，

我同阿和，我的嫩苗，

同在笑中笑。

翡翠一样的青松，

笑着在把我们手招。

银箔一样的沙原，

笑着待把我们拥抱。

我们来了。

你快拥抱！

我们要在你怀儿的当中，

洗个光之澡！①

　　这里连续多个"笑"，看似运用拟人手法，将大海、山川、太阳、地球、青松、沙原都化为向"我"笑着的主体，但实际上，所谓"笑"只是一种"面容"（face）的表象，通过这种表象的创造，诗人构建了一个充满了奇异的视觉和听觉感官经验的幻境，在这一幻境中，万物都在奋力生长、颤动不止、吵嚷不休，这些异常丰富的感知要素，都简化到"笑"这一单一的情感词语中去。也就是说，诗人所畅想的万事万物，都是主体情感的外化，可是一旦这种外化形

---

　　① 郭沫若：《光海》，载《郭沫若全集·文学编》（第 1 卷），人民文学出版社，1982，第 91—92 页。

成，具象化为"笑"这一视听印象时，"笑"又面向诗人，"笑着在把我们手招"，呼唤出诗人的"笑"，从而促成了诗人主体经验的再生。在"笑"与"笑"之间，诗人与大海、山川对视，经由这些虚构的他者，重塑了主体的感觉结构。

在《梅花树下醉歌——游日本太宰府》（1920）一诗中，这种主体情感的"向内再生"，表现得更为明显：

> 梅花！梅花！
>
> 我赞美你！我赞美你！
>
> 你从你自我当中
>
> 吐露出清淡的天香，
>
> 开放出窈窕的好花。
>
> 花呀！爱呀！
>
> 宇宙的精髓呀！
>
> 生命的泉水呀！
>
> 假使春天没有花，
>
> 人生没有爱，
>
> 到底成了个什么世界？
>
> 梅花呀！梅花呀！
>
> 我赞美你！
>
> 我赞美我自己！
>
> 我赞美这自我表现的全宇宙的本体！
>
> 还有什么你？
>
> 还有什么我？
>
> 还有什么古人？
>
> 还有什么异邦的名所？
>
> 一切的偶像都在我面前毁破！

破！破！破！

我要把我的声带唱破！①

在这首诗中，反复出现了"你－我"的呼应关系。在"我"和"你"的对视中，产生了所谓的"爱"，这种"爱"的情感反应，本来是从"我"对梅花的欣赏与称颂之中诞生的，因而源自主体的感知经验，但是当作为"你"的梅花被观察者赋予了"自我"之时，这种"爱"又具有了他者的性质，通过向"我"绽放、吐露"天香"，梅花进入了观察者主体的内部，并从主体之中再生出来，创造了新的情感经验。从诗篇的后半段可以看到，"我赞美你"和"我赞美我自己"成了同一种激情的表达，而所谓"我赞美这自我表现的全宇宙的本体"，实际上是将梅花作为一切外在物的象征，暗示了全宇宙都被纳入"我"的主体经验之中。在这种情况下，"你""我"之分实际上便消失了，而时间感与空间结构似乎也发生了崩解，因而诗人反问："还有什么你？还有什么我？还有什么古人？还有什么异邦的名所？"无论是"你－我"之分，还是"古－今""本土－异邦"的时空观念，都不过是虚幻的"偶像"，都必然"在我面前毁破"。

在郭沫若笔下，尤其是在诗歌中，大海、山川和鲜花，都因情感感知主体的"向内再生"，不再具有作为"日本景观"的色彩。观光产业对异国观光客的"询唤"，在诗人的情感再生过程中失效了。这样一来，"本土的风景"便幻变为去地方感的、"去日本化"的"全球景观"。在下文中笔者将叙述，这种景观的再生，普遍发生于清末民初旅日中国人的感知结构中，尤其是以东京为代表的都市景观，开始呈现"球土化"的特点。

---

① 郭沫若：《梅花树下醉歌——游日本太宰府》，载《郭沫若全集·文学编》（第1卷），人民文学出版社，1982，第95—96页。

第五章

景观的"球土化"：都市"虚托邦"的诞生

近代东京是一座文化混杂的"全球性都市"，它造就了旅日中国人的精神分化。对于郁达夫、成仿吾来说，社会交际的失败和窘迫的生活处境，使他们对记忆中的东京感到气闷甚至厌恶，他们将东京视为一头由资本累积而成的怪兽，而这种对现代文明保持怀疑态度的观念，与他们后来成为左翼革命战士的人生走向不无关联。对于周作人、张资平来说，既象征着先进文明，同时又保留着传统"东洋味"的东京，是一个令人恋慕的暧昧性场所。在这里，他们既能在都市改造后的银座大街体验浮华的西洋文明，又能从旧式的木屋和民间风俗中体味一种"文化乡愁"。这种对东京的暧昧情感，与他们后来在抗战时期沦落为"文化汉奸"的行为，存在着微妙的联系。而对于青年时代的鲁迅来说，主动选择逃离那个令他失望的东京，自我放逐到仙台那样的小城市去，这一举动本身就已构成了他的某种思想基础（即竹内好所谓的"回心"）。无论是作为现代文明展示地的东京，还是传统文明保留地的东京，都为鲁迅所厌弃，这与其后来逐渐形成的孤独的、怀疑的、批判性的思想性格保持了一致。

本章试图从"都市景观"入手，考察以东京为代表的日本近代都市，如何构成了旅日中国人群体纷繁混杂、形态各异的文化品性，而在旅日中国人形态多样的都市体验之中，我们仍然可以看到日本近代都市的一个基本的文化变异趋势，即以"再本土化"的方式，走向都市的"全球化"。

第一节　"去日本化"的景观

在第一编中，我们已经注意到，在王韬这样的晚清游日中国人眼中，所谓东京的繁华、日式的风情，实质上只是中国风景线上的幻象，因而王韬笔下那些对吉原、柳桥、樱花的描绘，在很大程度上只留下了符号层面的价值，例如地理方位的指认、民俗风物的名称记录等。而这种旅日的"风情"中所体现的情感感知结构，在甲午战争后的留日中国人那里仍然得以延续，并发生了一些微妙的变化，即所谓"去日本化"的感知倾向，较之晚清游日笔记，这种倾向似乎愈加显明了。例如郭沫若大量的新诗写作，虽然诗中处处以地名标志来书写日本风景，但整体的情调却是缺乏日本感的。

再如清末民初诗僧苏曼殊，本就出生于日本，其母为日本人，故其于短暂的一生之中，曾多次往返中日两地之间，可以说对日本是极为熟悉的。然而在其以日本横滨为背景的小说《断鸿零雁记》中，虽写景写情俱达至美之境，读来却毫无日本感，反而只有浓厚的"中国味"。作为用旧文体写就的鸳鸯蝴蝶派小说，《断鸿零雁记》中的人情描写与清末时期其他同类型小说毫无二致，如将小说中的日本舞台移至中国任一城市，似乎都不会影响到故事所营造的情景交融的氛围。因而小说中所述之爱情故事，仍旧是对中国古代才子佳人小说爱情故事的继承，是一种"儒家的感觉结构"在近代的延伸。

如果说苏曼殊小说的"中国味"尚有部分来自旧文体的写作方式，那么在其他一些新文体的现代留日小说中，仍然可以发现这种

"去日本化"的现象。在郁达夫的《沉沦》（1921）中，留学于名古屋的小说主人公，是在一派古典的田园气息中出场的：

> 晴天一碧，万里无云，终古常新的皎日，依旧在她的轨道上，一程一程的在那里行走。从南方吹来的微风，同醒酒的琼浆一般，带着一种香气，一阵阵的拂上面来。在黄苍未熟的稻田中间，在弯曲同白线似的乡间的官道上面，他一个人手里捧了一本六寸长的 Wordsworth 的诗集，尽在那里缓缓的独步。在这大平原内，四面并无人影；不知从何处飞来的一声两声的远吠声，悠悠扬扬的传到他耳膜上来。他眼睛离开了书，同做梦似的向有犬吠声的地方看去，但看见了一丛杂树，几处人家，同鱼鳞似的屋瓦上，有一层薄薄的蜃气楼，同轻纱似的，在那里飘荡。①

在这大段的小说背景描述中，提示故事背景为"日本"或"名古屋"的地点标志完全没有，而几乎所有的风景的描绘，也都去除了日本的风味，使故事的发生地点变得十分模糊，似乎既可以是一则留学日本的见闻，又可以被视为关于某个中国乡村的风景描述。所谓"醒酒的琼浆"、"黄苍未熟的稻田"、乡犬的远吠声、杂树环绕的"鱼鳞似的屋瓦"，均可以营造出一种古代乡村的氛围，富于诗情画意，却无任何"地方性"色彩。唯有主人公所诵读的"Wordsworth 的诗集"，似乎使这种古典的乡村空间渗入了一丝西洋的气息，也就更加强化了"去日本化"的倾向。

这种情况到了民国中后期的一部分留日文学中，仍然可以说是一种"常态"，甚至较郁达夫等新文学创作的"西洋化"表达，许多"新小说"的风景描写反而有更多"回归中华古典"的倾向。例如在

---

① 郁达夫：《沉沦》，载《达夫全集》，开明书店，1927，第9—10页。

崔万秋的小说《樱花时节》(1933)中,作者借主人公冯景山之口,谈及留日的初印象:

> 从天津乘长江九到门司,入港时正是早晨六七点钟,从船上望见门司下关一带的苍松盖顶的群山,以及附近海内的小岛,岛上的小巧玲珑的亭台楼阁,而这些景色,半掩朝霞,隐隐约约,真好看极了。古人所理想的蓬莱仙岛,大概就在此地罢……①

在崔万秋的笔下,门司的景色是毫无日本特色的。所谓"苍松盖顶"或"亭台楼阁"等景物,也都被归入"蓬莱仙岛"这一传统中国文人对日本的空间想象形态之中,这与晚清游日的旧派文人、官员所述之日本,是类似的。不过,之所以会形成这种"去日本化"的感知方式,除了"儒家的感觉结构"在发挥作用以外,还有一个更具时代性的原因,即时空感的现代化,而这一点恰与"儒家的感觉结构"相悖。

《樱花时节》中的冯景山,从中国天津港乘船至北九州的门司,片言只语之间,体现着叙事的快节奏,似乎天津与门司之间并无茫茫大海相隔,而是转眼即至。的确,从出游海外的路途距离和船舶速度来看,相较于旅欧旅美的中国人,清末民初中国人赴日的行程虽不至于当日即达,但也往往只两三日即告结束。例如在王韬的《扶桑游记》或黄尊三②的《留学日记》(1905—1912)中,均可见到东渡时间的详细记载,虽然二者旅日的时间相隔较久,但他们的行程、航速却几乎相同。他们都是从上海乘船出发,均在第三日即到达长崎,约八百公里的行程。

---

① 崔万秋:《樱花时节》,载崔万秋《新路》,四社出版部,1933,第73页。
② 黄尊三(1880—1950),湖南人,曾加入同盟会。黄尊三于1905—1912年官费留学日本,著有《三十年日记》,为近现代史研究的重要文献资料。《留学日记》为其中一部分。

因此，对于很多旅日者来说，赴日行程所花费的时间微不足道，甚至远不及从他们的家乡赶往上海、天津等留日交通枢纽所花费的时日。例如黄尊三，从上海至长崎所费时间不到三日，可是在留日之前，他于1905年4月11日在长沙登船，经岳州（岳阳）、武昌等地，沿长江而下，一路走走停停，直到4月26日才抵达上海。两相对比，旅日者出游海外的空间上的"旅行感"便淡了许多。

在这种情况下，可想而知，清末民初时期中日之间的距离，并不能给彼时的旅日中国人带来多么深刻的离乡感和行旅记忆，他们踏足日本的土地，并不能产生多么强烈的空间置换感，因而很难以行旅的视角，感知日本的"地方性风景"——所谓风景的地方性，经常是由风景在空间上的"偏离"所造就的，一些"景点"或"风景区"，正是因其位置上的偏远，获得了宁静、神秘等印象标志，并且凭借这些标志，"风景"和地方性认同关联在一起，通过地方文化的塑造，获得了独一无二的"灵氛"（aura）。可是，现代交通技术的进步却逐渐摧毁了原有的空间结构，取消了风景在位置上的"偏离"，"就像本雅明在其《机械复制时代的艺术作品》（*The Work of Art in the Age of Mechanical Reproduction*）一文中对灵晕及其失落所做的描绘那样，偏远的区域脱离其原初的孤立状态"[1]，从而造成了"灵氛的失落"。

在许多游日者笔下，"船抵长崎"或"初至东京"的感受，与在中国时离乡赴省城，或游学至北京、上海时的"异地感"是类似的，这种异地感，尚未达到"异域感"的程度，因而才会将长崎辨识为上海、香港，将东京比拟为苏杭。而从"灵晕的失落"角度来看，这种城市印象的叠合，恰好表现了城市景观"地方性"的丧失和

---

① 〔德〕沃尔夫冈·希弗尔布施：《铁道之旅：19世纪空间与时间的工业化》，金毅译，上海人民出版社，2018，第67页。

"复制性"的产生。

在日本的行游中，火车、汽船等交通工具的发达，使得在物理空间上原本就较小的日本，在心理空间上更加"微缩"为"蕞尔小岛"。

在明治到大正时期，日本火车技术与轨道线路飞速发展。自1872年日本开通首条铁路以来①，日本火车的总体建设速度就一直快于中国，这使得旅日中国人的许多旅行活动，都是依靠火车来完成的。在《今津纪游》中，作者十分清晰地记录了换乘各类交通工具的线路乃至票价，可以看到，郭沫若是依靠电车、火车与渡船，完成了半日的游览行程的，而其中的火车发挥了连接市区与远郊的重要作用，是郭沫若能够在半日内出游今津海湾的工具支撑。因而在郭沫若的出游过程中，观光客主体与景观的交互感知总是在车站、渡口等空间节点上发生，旅行者身体的移动感是相对较弱的，旅行者常常在等车时的一番思索、感发之后，便很快地乘上火车，到达了目的地，以至于无法从游记中判断所经之地的物理距离。

其实，在早于郭沫若作品数十年的晚清游日笔记中就可以发现，尽管许多笔记在出版时名为"游记"，但这里的"游"更偏重于指在日时期具体的观览活动，而非身体的移动、行游。例如在王韬的《扶桑游记》中，他穿行于长崎、大阪、东京、横滨等地，往往在只言片语之间，即"乘火车"往返于两地，其身体在空间上的移动感是很弱的，使得其笔下的日本，仿佛只是由少数几个城市组

---

① 日本首条铁路是1872年在关东地区开通的"新桥—横滨"线，途中设品川、川崎、鹤见、神奈川等站，全程53分钟。其后，日本铁道的建设速度逐年递增，在1889年，开通了全长605公里的"东海道线"，从新桥站到神户站，连接了东西日本。两年后，又开通了上野至青森的"东北本线"，全长732公里。在1893年的神户工厂里，日本依靠自己的技术研制造了第一辆国产火车。而到了1901年，随着铁路线铺设至马关，日本本州岛铁路已贯通南北。参阅〔日〕富田昭次《观光时代：近代日本的旅行生活》，廖怡铮译，（台北）蔚蓝文化出版股份有限公司，2015，第192—194页。可以看到，清末民初旅日游记、小说中所载的许多活动，正是随着这些铁道线路和车站的设置而出现的，而在东京内部，新桥、上野、品川等火车站，也成为旅日中国人常常驻足观景、产生离愁别绪的地点。

成的，而城市之间的地带，便成为被忽略、压缩的空间。而这几个大城市，便从旧的地方认同感中摆脱出来，转换为新的空间结构中的"地方"。

除火车外，近代中日之间航运技术的差别也逐渐显现，一些晚清游日官员能够于数日之内穿行于日本各大城市之间，有时也是凭借蒸汽机船来实现的。相较之下，由于晚清中国铁道技术发展较慢，当时的来华日本人则大多通过乘船游历中国，而中国蒸汽机船的应用却远不及日本，造成日本人常苦恼于航行的缓慢。在日本僧人小栗栖香顶①的中国游记《北京纪事》（1875）中，记述了作者1873年从天津到北京通州的一段旅程。作者当时雇船走水路前往北京，船行至第二日，作者感到速度太慢，于是问船家需要几日到达，听闻船家回答需七八日时，作者"吃了一惊"，觉得天津到北京不过二百余里距离，应该三日就够了，不承想竟然需要这么久。而船家以雨季河水上涨及逆流而行为由，称"不能快走"。于是作者想到在日本，从大阪到伏见（京都地名）一百三十里的距离，乘蒸汽"火轮船"在一天之内就可以往返两次，不禁叹息中国"小船"之慢，耽误了行程，令人"闷杀"。②

对比大量晚清时期日本人所撰的中国游记可知，当时游历中国的日本人，如果想要从南至北穿越中国，则往往需要数月乃至数年时间，每计划前往下一站，常为选择何种交通工具而烦恼。这固然是因为中国地域宽广且地形复杂多变，但是，如果认真对比中国与日本国土的东西、南北跨度，可以发现，中日各自内部的物理距离的差异，

---

① 小栗栖香顶（1831—1905）：日本净土真宗东本愿寺派僧人，曾分别于1873年、1876年以游学、传教为目的来华，主要在北京、上海等地活动，作有《北京纪事》《北京纪游》。

② 参阅〔日〕小栗栖香顶《北京纪事 北京纪游》，陈继东、陈力卫整理，中华书局，2008，第27—28页。

其实并没有一般人所想象的那般巨大①，在近代时期，这种距离感的差异，更大程度上还是由各国现代交通技术发展的程度不同造成的心理距离的差异。所谓中国之"大"和日本之"小"的心理空间感，也是在这一技术背景下形成的。

虽然交通技术的进步使中日之间的距离缩短，以及使日本内部空间压缩，但在晚清至民国不同时期的旅日中国人那里，这种"时空压缩"（time-space compression）所造成的感知结构的变化，却存在着微妙的差异。在晚清时期，时空的压缩虽然改变了日本的地方认同感，使原本以"偏离"为景观标志的日本不再偏远，在火车、蒸汽船的空间再组织化过程中完成了旧地方感向新地方感的转换，但是对于晚清游日中国人来说，这种"偏离"的消失似乎并未从根本上摧毁他们认知日本的感觉结构，所谓"蓬莱仙岛"的传统空间想象，仍然主导了他们感知日本的方式。而在清末民初留日中国人那里，或由于日本现代化的加深，或由于留日知识人"新文化"观念的建立，他们对于"时空压缩"背景下的日本风景的理解，在很大程度上脱离了传统的感觉结构，开辟了"无地方感"、世界性、全球性的感知向度。

空间理论家戴维·哈维曾列举出四种使得全球距离缩小的"世界图式"，其中第二种即为蒸汽火车和汽船所带来的时空压缩，发生于 1850 至 1930 年代。② 而这里的时间段，是戴维·哈维从欧洲历史经验中得出的结论。如果将视角转向东亚，可以发现，东亚地区的蒸

---

① 从物理距离来看，日本本州岛自西南到东北的直线距离约 1300 公里，大致相当于北京至长沙的直线距离。而从地形来看，由于日本地形以山地为主、地势崎岖，因而在明治时代开通火车以前，日本东西之间的交通极为不便，仅是穿越半个本州岛也需要做长途旅行。例如在江户时代十返舍一九所著小说《东海道徒步旅行记》中，记述的便是两位主人公从东日本的江户出发，经漫长跋涉旅行至西日本的伊势一路上的所见所闻。

② 戴维·哈维认为，在 16 世纪以后的全球化进程中，新的交通技术的发明与普及，带来了时空压缩的跃进，出现了四个不同的历史阶段，分别是：1500—1840 年代马车、帆船的应用；1850—1930 年代蒸汽火车、汽船的应用；1950 年代螺旋桨飞机的应用；1960 年代喷气式飞机的应用。参阅〔美〕戴维·哈维《后现代的状况——对文化变迁之缘起的探究》，阎嘉译，商务印书馆，2003，第 301 页。

汽火车和汽船，是在稍晚于欧洲的 19 世纪末至二战前出现的，尤其是这一时期的日本，依靠技术引进和政府鼓励，大力推进了火车和汽船技术的发展，造就了东亚地区内部的"时空压缩"，这种时空压缩的特殊之处在于，它首先是在最早"脱亚入欧"的岛国日本发生的，因而造成了东亚地区内部在"全球化谱系"中的位置是不平等的。因此，在清末民初留日中国人笔下，可以发现，他们通过乘坐火车的新鲜经历，进入了东亚地区时空压缩的进程，从而获得了种种全新的身体感知与情感体验。

且看郭沫若与田汉同乘火车时的一段感受。

> 火车在青翠的田畴中急行，好象个勇猛沉毅的少年向着希望弥满的前途努力奋迈的一般。飞！飞！一切青翠的生命，灿烂的光波在我们眼前飞舞。飞！飞！飞！我的"自我"融化在这个磅礴雄浑的 Rhythm 中去了！我同火车全体，大自然全体，完全合而为一了！我凭着车窗望着旋回飞舞着的自然，听着车轮鞈鞈的进行调，痛快！痛快！①

彼时的郭沫若，正好阅读了当时欧洲文坛正在流行的未来主义诗歌，因此可以非常明显地看到，在这些描写中，郭沫若运用了与未来主义诗歌类似的笔法，采用大量充满动态感、激情感的词语，肆意铺陈罗列，造成了运动不息、躁动不安的艺术效果，来表达大工业时代诗人对速度与变革，以及机械技术进步的歌颂与憧憬。所谓"我的'自我'融化在这个磅礴雄浑的 Rhythm 中去了"一语，同意大利未来主义诗人马里内蒂的"非人化""取消自我"的主张相符，也即表达一种人、自我被物质性的机械所取代、消灭的现代性经验。

---

① 田汉、宗白华、郭沫若：《三叶集》，上海书店，1982，第 138 页。

在郭沫若的乘火车体验中，既定的"时间－空间"关系被打破，发生了"时空分离"（time-space distanciation）。在连续出现的"飞！飞！飞！"等话语中，体现出火车旅客从原有的稳定、静态的秩序中飞离出来，被抛入变乱、动态的时空之中的状态，而旅客的主体感知，无论是视觉上的"凭着车窗望着旋回飞舞着的自然"，还是听觉上的"听着车轮鞺鞳的进行调"，都明确地表现出主体在新的时空秩序中发生了一种"感知的裂变"，也即"大自然"不再是"肉眼所见"，而是"凭着车窗"望见；而"车轮鞺鞳"这种典型的大工业时代的"音乐"，也开始重塑旅客的耳朵，使之成为能够欣赏机械性噪音的"现代人"的耳朵，从而获得一种奇异的快感（因而郭沫若称"痛快！痛快！"）。

由此，旅客主体融入火车所营造的机械性感知空间之中，因而"同火车全体，大自然全体"合而为一——这里的"合而为一"，是一种"旅客－火车－自然"三者关系的统一，而非"旅客－自然"的二元关系，这似乎表明，那个感知"大自然"的主体，必须在火车的引导下，自觉融入火车的感知空间，才能真正"融入"所谓的"大自然"，而在这一过程中，其实旅客主体和"大自然"都进入了火车所创造的新秩序之中，进入了"感知的全球化"体系。在19世纪上半叶，我们可以从欧洲的火车旅客那里发现类似的感知体验，例如德国诗人海涅对于火车旅行的精彩描写，同郭沫若这里的体验描写是极为相似的。

在《残春》中，因为需与白羊君同赴门司探望因跳海而卧病的友人贺君，主人公爱牟乘上火车，与妻儿依依不舍地告别，描写如下。

> 车开时，大的一个儿子，要想跟我同去，便号哭起来，两只脚儿在月台上蹴着如象踏水车一般。我便跳下车去，抱着他接吻了一回，又跳上车去。车已经开远了，母子三人的身影还伫立在月台上不动。我向着他们不知道挥了多少回数的手，等到火车转

了一个大弯，他们的影子才看不见了。火车已飞到海岸上来，太阳已西下，一天都是鲜红的霞血，一海都是赤色的葡萄之泪。[①]

与亲友、爱人的相会与离别，往往是小说里集中书写人物内心情感的外化或表现情感故事的转折的关键情节。自火车普及以来，"向远方延伸"的铁轨和"空寂无人"的月台，就成为想象相会与离别，书写各种爱恨情仇的最佳载体。从郭沫若上述描写中可以发现，古典文化中类似于"孤帆远影碧空尽"或"过尽千帆皆不是"的离愁别绪，已经被"远开的火车""月台上伫立的身影"的新型情感关系所取代。在这种情感关系中，"我"与妻儿的分离不再被放置于天地、江海等自然事物中来加以描绘，而是进入了铁轨和月台所营造的机械化空间。在这一空间中，离人的愁绪因火车运行的速度而生发，因铁轨铺设的轨迹而发生转变，这和19世纪欧洲批判现实主义小说对恋情的描写是十分相似的（例如在《安娜·卡列尼娜》中，安娜与渥伦斯基的邂逅与离别，就发生在圣彼得堡火车站等特殊地点），都属于一种现代性的"铁轨的情感"。可以说，经由火车的时空塑造，清末民初旅日中国人也逐渐获得了机械化空间中的"铁轨的情感体验"，进入了"情感的全球化"体系。

第二节　从"江户东京"到"球土化"东京

19世纪和20世纪之交，日本已形成了"六大核心"的城市发展格局，也即东京、大阪、京都、名古屋、神户、横滨，这基本上便是

---

① 郭沫若：《残春》，载《郭沫若全集·文学编》（第9卷），人民文学出版社，1985，第23页。

现代日本城市格局的雏形。教育机构多集中于以东京为代表的"六大核心"城市,使得这些城市成为清末民初时期留日学生的主要活动区域。而在"六大核心"城市中,东京又是聚集留学生最多、被留学生观察体验最为深入的大都会。周作人回忆留日经历时曾言:"我的东京的怀念差不多即是对于日本的一切观察的基本,因为除了东京之外我不知道日本的生活。"① 这大概是许多留日学生的共有记忆。

如前所述,从晚清到民初,日本西化进程的加快和旅日中国人文化背景的变化,使得晚清游日笔记中的日本风景体验,与清末民初留日文学中的"景观"体验,有了感觉结构上的差异。这种差异,造成了旅日中国人在获得日本都市体验尤其是"东京体验"时,呈现从"江户城"东京到"球土化"东京的印象转变。作为"江户城"的东京,在晚清游日笔记中成形,并一直延续至清末民国时期的留日文学里。从晚清游记中可以看出,尽管明治维新已经开启了都市西化的进程,但是由于游日官员们的眼界所限,他们总是有选择性地关注到作为"旧都"的东京,而东京之"欧化"的一面、作为"现代都市"的一面,就被有意无意地忽略了。这也可以解释,为何像王韬这样的"口岸知识分子"在游日时,却也令人惊讶地流连于烟花之地,而对日本之现代化的一面仅做毫无感情色彩的简单记叙。

正如王之春对东京的介绍:"东京即武藏州之江户城,旧为将军府地,最为关东形胜。山内有旧将军故冢、旧署,拟往访寻"②,晚清游日中国人多从"东瀛岛国"或"蓬莱仙岛"的传统地理观念出发,将东京视为旧都,而游日的主要目的,便是访寻旧都的各类名胜古迹,借以想象江户旧城的盛景。

---

① 周作人:《怀东京》,载钟叔河编订《周作人散文全集》(第7卷),广西师范大学出版社,2021,第324页。
② 王之春:《谈瀛录》,岳麓书社,2016,第23页。

在何如璋的《使东述略》中，这种对旧都的想象与书写则更为细致。

> 癸卯，登芝山，览东京形胜。东南抱里海，西北连沃野，墨田川萦带其东，平原旷远，冈阜回伏。王居在中，德川旧府也。为城三重，甃以石，中高而外下。城各周濠，引玉川水灌之，深阔通流。凫雁成群，孳息其中，法禁严，无敢弋者。门设不关，架桥梁以达内外。市衢宽广，沟浍纵横，虽繁盛不及苏沪，而景象似之，洵海东一大都会也。①

这里的"览东京形胜"，提示了一种从"儒家的感觉结构"出发去概览都市景观的倾向。如同柳永在《望海潮·东南形胜》中描绘钱塘的繁华气象，这里对东京的书写，也完全是从唐宋以来的古典视觉结构出发，去感知东京的。因此，何如璋笔下的东京，是"德川旧府"所在的东京，是由城垒、护城河、桥梁、沟渠等典型的古代城市设施所构造而成的江户旧城。而这样的"海东一大都"，似乎完全去除了维新以来的"西化"的气息，没有任何的"近代感"。这样一种追慕"繁华旧都"的感知倾向，可能源自更深层次的文化心理。

其一，对于少数中国官员、知识分子来说，他们长期生活在中国的政治和文化中心，如北京、南京等，而他们也多为中国的上流阶层，这使得他们在赴日之前，早已接触过西洋文明，因而对日本的"西洋事物"见怪不怪。

日本人德富苏峰②曾于1906年游历中国，在北京逗留多日。正

---

① 何如璋：《使东述略》，商务印书馆，2016，第14页。
② 德富苏峰（1863—1957），原名德富猪一郎，号菅正敬、顽苏等，日本著名历史学家、评论家和新闻记者。他早年倡导平民主义，但在甲午战争后转变为极端国家主义者，鼓吹对外扩张。

值清末时期，洋务运动所推进的城市现代化建设已现出效果。因而在德富苏峰看来，北京城里的景象是颇为现代的。在城市商业发展方面，他看到北京的一些商店里摆满了西式的杂货，而且还在不断地翻新花样；在城市街道建设方面，他惊讶于北京城内道路的宽阔，认为"那道路整修的情景就是东京也比不上，地上铺满了碎石子，然后用蒸汽式压路机把上面压平，并且一直延伸到宽阔的大路上"①。

　　这里的"就是东京也比不上"的论断，可能多少有些夸张，或者纯粹来自对"道路之宽阔"的简单比较。对比其他一些晚清游记对北京之"落后"的记叙、对中国之"衰弱"的毫不客气的批评，德富苏峰的北京体验是有些另类的。但是，从这些记叙中也可以发现，至少在北京这样的近代大都市中，已经可以从新建的街道、建筑中体验到何谓"现代"。此外，德富苏峰还到一些中国官员的家中拜访，发现这些官员喜欢把客厅布置为西洋的风格，家中所用的桌椅、沙发等家具，也都是来自西方或仿自西洋风格的新式器物。这些官员喝西洋酒、吃西式的点心，并且学会了握手礼等西式礼仪。这些记叙，十分清楚地说明了，至少在上层官员那里，即便未能亲身游历西方，或到日本体验"仿制的西方"，他们也早已在中国本土知晓了西洋的都市文明、器物文明乃至礼俗习惯，因而当这些官员被派往日本，去感受"西洋"时，他们未必能获得多少新鲜感、震惊感，反而更愿意看到"旧日本"的一面。

　　其二，在鸦片战争后的很长一段时期内，"西洋"对于中国人来说未必是先进、强大的。在东亚近代化的过程中，"欧洲文明"一开始并未被置于文明谱系中的"先进"的位置，需要东亚的"后进生"们去追赶。在 19 世纪后半叶甚至到了 20 世纪初期，东西方在经济、文化层面的差距才开始缓慢地显现出来，而一些近代东亚地区的行

---

① 〔日〕德富苏峰：《中国漫游记 七十八日游记》，刘红译，中华书局，2008，第 401 页。

旅者，更是在这种差距显现之后，才逐渐从深层次的感觉结构上，开始发生现代转型，从而对"西方文明"有了更新的认识，产生崇拜、渴慕之情。

在彭慕兰（Kenneth Pomeranz）极富争议性的"大分流"理论①中，以中国为代表的东方国家直到18世纪末尚未在经济、文化领域落后于西方，所谓"大分流"的偶然性的历史进程，要到19世纪中叶（准确而言是1850年）才完成。而贡德·弗兰克（Andre Gunder Frank）在《白银资本》《19世纪大转型》等著作中，将1850年这一时间点进一步推迟至1870年，认为直到19世纪70年代，中国乃至亚洲仍是世界经济的重要一极，甚至在诸多方面优于西方。② 当然，这些历史论断源于一种较为陈旧的"反欧洲中心论"的学术动机，并未摆脱"东方－西方"或"中国－西方"的二元叙述框架，因此笔者并不能完全同意其结论③，但是，这些研究论断是建立在较为翔实的历史数据之上的，至少其对于19世纪欧洲和中国、日本经济水平的考察，是基于较为可信的资料呈现的。

于是可以发现，日本的被迫开放发生于1853年（"黑船来航"），而其资本主义转型发生于19世纪60年代末（1868年明治维新），从弗兰克的"大转型"历史进程来看，在日本开始西化的时期，日本

---

① 彭慕兰（即"彭慕然"）为美国加州学派著名历史学者，在年鉴学派"长时段"理论和计量史学的影响下，彭慕兰出版《大分流：欧洲、中国及现代世界经济的发展》一书，提出"大分流"这一全新的历史叙述范式，试图突破既有的全球史研究中隐藏的"欧洲中心论"观念，打破费正清式的"冲击－回应"模式，因此而引起了历史学界极大的震动，但也同时遭到了诸多质疑。参阅〔美〕彭慕兰《大分流：欧洲、中国及现代世界经济的发展》，史建云译，江苏人民出版社，2003。

② 参阅〔德〕贡德·弗兰克《19世纪大转型》，吴延民译，中信出版社，2019。

③ 其实，即便是像彭慕兰或弗兰克一样，仍然将"经济比较"的视角放置在"欧洲－亚洲"这样的二元框架之下，其结论也是完全可质疑的。例如芝加哥大学的赵鼎新教授曾指出，彭慕兰偏重以明清时期社会财富的体量、江南富庶地区的生活水准作为中国并不落后于欧洲的证据，其实只看到了表象，而隐藏在"富裕"表象下的商业动力在制度性方面的缺失，才是明清中国与欧洲的巨大差异所在。

与欧洲在经济体量上的差异不大; 相应地, 中国的被迫开放发生于19 世纪 40 年代 (1840—1842 年鸦片战争及中英《南京条约》), 中国的局部改造开始于 19 世纪 60 年代 (1861 年洋务运动开始), 这两个时间点更是早于弗兰克所强调的 19 世纪 70 年代。也就是说, 在 19世纪中叶, 东亚地区开始"走向世界"的那段时期, 至少在经济贸易层面, 东亚与欧洲基本上是在对等的层面上走向经济融合的, 而非"强大的欧洲"对"贫弱的亚洲"的压制和掠夺。

这样一种经济文明发展的态势, 使得晚清民初旅日中国人, 普遍存在轻视西方文明、维护"东亚传统"的文化心理。因而尽管一些人做出积极学习西方的姿态, 但仍是以所谓"中体西用"的理念, 试图用"中学"的框架去接纳"西学"的可用之物, 这样的文化理念, 实际并未摆脱"四海之内, 皆是王臣"或"八方来朝"的传统华夷秩序观。因而一些旅日中国人在感知、书写作为"繁华旧都"的江户东京时, 其实是以东京为文化想象的依托, 希望以"发现江户"来实现对传统中华文明、东方文明的"再发现"。

这种"发现江户"的都市景观感知倾向, 在清末民初的留日、访日中国人那里, 同样普遍存在。尽管明治末期到大正时代的东京, 已经历多次大规模城市改造, 其欧化的色彩更为浓厚, 可是从一些留学生的散文、日记中, 或一些访日游客的行游散记、书信中, 依然可以看到他们对"江户旧景"的强烈兴趣, 以及对"西洋景"的轻描淡写甚至反感、否定性话语。

例如诗人闻一多, 曾于 1922 年赴美留学途中短期访问了日本 (时值关东大地震前夕), 东京正处于大正时代后期, 城市建设在"旧都"的基础上, 已大大增加了西化的色彩。可是在东京游览期间, 闻一多仅仅将参观的兴趣放在了日本人的服饰、日式的建筑、日本的传统艺术如浮世绘等"日本的"事物上, 而非"西洋的"事物上。他在日本向导的带领下, 抓住有限的时间, 集中参观了作为

"江户"的都市景观，却对"现代的"都市景观不屑一顾。例如位于日本桥附近的三越百货店，建成于 1914 年，是日本首家现代百货商场，其建筑风格和内部装修方式均仿自欧洲的百货商店。当日本向导引他进入这一现代消费空间时，他心里颇为不满，事后向友人发牢骚说："要看西洋式商店，我到支加哥纽约还看不见，偏要到这东京来看吗？"，并因此得出结论："日本底地方本好，但日本底人完蛋了！"[①]

但其实，十分微妙的是，闻一多所观览的所谓"日本的"事物，本就是在日本开国，都市近代化以后，经由"近代的"眼光被重新发现、再造的"传统"，那些被日本政府规划设定为观光景区的日式庭园、美术馆和博物馆，在现代观光理念的指导下，在经新建筑技术的再造后，被发明为都市内部的"传统"的视觉空间，呈现在观光客眼前。因此，在闻一多的抱怨中，似乎暗含着一种十分矛盾的文化观念："近代化"的日本是进步的、是"本好"的，但这里的"近代化"却不应通过"西洋化"的方式来完成，否则便"完蛋了"。

可以发现，如闻一多那样的现代留日中国人，与晚清游日中国人的区别在于，前者虽然延续了晚清以来"发现江户东京"的传统感知模式，但同时也深刻地意识到了东京的另一个面相——全球性"新都市"的存在与勃兴。尽管在闻一多那里，他强烈地喊出了抵制"欧化"的声音，但他仍默然接受了全球化背景下被重新"本土化"的都市景观，并大加赞赏，这种矛盾的情感反应，在近现代旅日中国人那里是颇具代表性的。经由这种自相矛盾的感觉结构，旅日中国人眼中的东京，呈现"球土化"的感知效应。

---

① 闻一多：《致吴景超、顾毓琇、翟毅夫、梁实秋》，载孙党伯、袁謇正主编《闻一多全集·书信》，湖北人民出版社，1993，第 45 页。

所谓"球土化"，是对于全球化进程中地方文化境遇的一种认识论描述。与"全球－本土"这一二元结构所不同的是，在"全球－本土"话语中，"全球化"和"本土化"是矛盾对立的两种文化取向，"本土"被视为对抗"全球"的文化资源。然而实际考察近代以来的全球文化互动活动，可以看到，在跨文化旅行者那里，"全球－本土"的对抗结构在很大程度上被"球土化"的融合结构取代了：在"球土化"的结构中，所谓"本土"，必然是在"全球化"背景下被重新发现，因之而再生的"本土"，而所谓"全球化"的进程，也总是从"本土化"中获取动力。"全球"与"本土"，虽看似矛盾对立，但又深刻地关联在一起。例如在闻一多那里，正是通过对日本"本土"文化景观的欣赏与赞叹，通过对"西洋"的抵制，完成了"球土化"的感知建构。

周恩来于1917年到日本留学，曾居住在东京中野地区，观赏过上野公园的樱花，后来迁至京都，又多次游览京都的传统名胜岚山、圆山公园等，写下著名的《雨中岚山——日本京都》（1919）、《雨后岚山》（1919）、《游日本京都圆山公园》（1919）、《四次游圆山公园》（1919）等诗。在这些诗句中，可以发现，周恩来常常从京都的本土风景中，发掘出五四时期特有的一种全球性"文化景观"。

例如《雨后岚山》：

> 山中雨过云愈暗，
> 渐近黄昏；
> 万绿中拥出一丛樱，
> 淡红娇嫩，惹得人心醉。
> 自然美，不假人工，
> 不受人拘束。

想起那宗教，礼法，旧文艺，……粉饰的东西，

还在那讲什么信仰，情感，美观……的制人学说。

登高远望，

青山渺渺，

被遮掩的白云如带；

十数电光，射出那渺茫黑暗的城市。

此刻岛民心理，仿佛从情景中呼出；

元老，军阀，党阀，资本家……从此后"将何所恃？"①

实际上，自平安时代以来，京都岚山就是赏樱的名所，历经千百年来历代工匠的改造、修缮，岚山已密布各类人工设施，如"渡月桥"这样的景点，以便游人踏青览胜。因此，周恩来这里所谓"自然美，不假人工"，其实未必符合实情。作为观光客的周恩来，必然是沿着人工铺设的登山小道漫步，或伫立在富于古典风情的木桥之上，从景区的设计视角去"发现"樱花的"自然美"的。遍布岚山的樱花，其实经过近代观光产业的再创造，以看似"本土""古典"的面貌呈现在观光客眼前。

甚至这里的"樱丛"本身，就很可能是近代日本国家主义意识形态下的产物。考察明治时期以来日本樱树栽种的文化史，可以发现，从明治维新到二战以前，"樱花"作为日本文化民族主义、国家主义乃至军国主义的精神象征，被大量地种植。尤其是在中日甲午战争之后，由于日本民族主义情绪的高涨，"种植樱树"以及各类赏樱仪式，就成了从官方到民间的一种寄托、宣泄、强化民族主义情感的

---

① 中共中央文献研究室、南开大学编《周恩来早期文集（一九一二年十月——一九二四年六月）》（上卷），中央文献出版社、南开大学出版社，1998，第414页。

日常活动，以至于每逢一些重要事件的纪念日，日本各地都要开展大规模的种植樱树活动，以投合于政治意识形态的需要。① 在周恩来留日的大正时代，正是日本民族主义情绪上升、军国主义思想逐渐抬头的时期，因此，周恩来在岚山所见的樱树，也必然包含了许多近代以来的"新物"。

而从这看似"自然美"，实则充满了人工气息的樱花中，周恩来引申出了对于旧思想的批判，认为"宗教、礼法、旧文艺"不过是一些"粉饰的东西"，而"信仰、情感、美观"这些"制人学说"，也应当予以抛弃。这些想法之所以产生，自然是源于青年周恩来正处于早期马克思主义思想的接受期。周恩来留日时期，正是俄国十月革命之后、中国五四运动之前的思想"激荡"的时代，他在日本初次读到了《新青年》杂志，同时还阅读了河上肇、幸德秋水等日本早期左翼思想家的作品，因而形成了上述十分先进而现代的思想。

因此，当周恩来在岚山登高俯瞰京都这座典型的"古都"时，他却从更为现代的眼光重新发现了京都，将其描述为"渺茫黑暗的城市"，因为"元老、军阀、党阀、资本家"这些旧时代的人物尚横行其间，需要呼唤新的力量、呼唤"电光"，去冲破、照亮这城市的晦暗。这种将城市看作剥削阶级的象征和"罪恶的渊薮"的比喻，反映了一种自19世纪以来十分普遍的都市观，在巴尔扎克、狄更斯等现实主义小说家笔下，都可以见到这种将巴黎、伦敦等发达工业城市作为罪恶象征的说法。而在周恩来这里，尽管他驻足于京都岚山这一看似"本土"的风景名胜，却从一种十分现代的视角，引出了对于作为全球性文化景观的现代都市的批判，从而使得他所感知到的樱花、绿树、青山、白云，都带有了"球土化"的景观效果。

---

① 参阅〔美〕大贯惠美子《神风特攻队、樱花与民族主义——日本历史上美学的军国主义化》，石峰译，商务印书馆，2016，第140—144页。

第三节　"虚托邦"的诞生：作为"世界之都"的
东京

从"球土化"的视角来看，在近代日本都市进程中，作为"江户城"东京的另一面，"世界之都"东京开始显现。在清末民初时期的留日文学中，普遍可见这种对于无地方感的日本都市的描写，它与"江户东京"的描写相伴存在，制造了一种"虚化"空间的感知效果。

在张定璜的《路上》（1924）中，大正末期的东京是一座灯火璀璨的"不夜城"：

> 夏夜里微风摇着软绿的洋槐树，树底下浮动着银座街头万千点的灯火；不忍池畔秋来成群结队的美术展览会；深更里明月照着的从丸之内音乐会场出来的归路；学校内两三知己随时随地见面时肆无忌惮的倾心布腹的辩论，辩论后大家凑起钱来放量的拼命的吃喝……①

尽管这里用银座、不忍池、丸之内等地名十分鲜明地标注了东京市内的各处重要地点，可是这里所描绘的街景极为现代，犹如未来主义绘画一般充满了激情与动感，因而本来静止、稳定的都市"地点"（place），却也开始随着这种动态的都市感知而律动起来，并且具有了视觉、听觉、味觉等多重感官体验相交织的效果，使得整座都市似乎都进入了梦幻般的场景。

---

① 张定璜：《路上》，《创造》第 1 卷第 4 期，1923 年 9 月。

　　无独有偶，在郁达夫的小说《银灰色的死》（1921）中，东京的形象也是极富现代感和"国际感"的：

　　　雪后的东京，比平时更添了几分生气。从富士山顶上吹下来的微风，总凉不了满都男女的白热的心肠。一千九百二十年前，在伯利恒的天空游动的那颗明星出现的日期又快到了。街街巷巷的店铺，都装饰得同新郎新妇一样，竭力的想多吸收几个顾客，好添些年终的利泽。这正是贫儿富主，一样多忙的时候。这也是逐客离人，无穷伤感的时候。

　　　在上野不忍池的近边，在一群乱杂的住屋的中间，有一间楼房，立在澄明的冬天的空气里。这一家人家，在这年终忙碌的时候，好象也没有什么活气似地，楼上的门窗，还紧紧的闭在那里，可是金黄的日球，离开了上野的丛林，已经高挂在海青色的天体中间，悠悠的在那里笑人间的多事了。①

　　这段对大正时代东京街市的描绘，是富于"去日本化"的效果的，或者更准确而言，这里的都市地点虽标明为"东京"，但其实是"去地方化"（或称"脱域"）的东京，是与伦敦、巴黎、纽约等现代化大都市有着文化同构性的东京。所谓"一千九百二十年前，在伯利恒的天空游动的那颗明星出现的日期"，也即"圣诞节"这一西方传统节日，提示了这座东方的都城已接受了基督教文化的传播，因而十分自然地将圣诞节作为日本国民盛装出游、欢歌达旦、祈福祝祷的重要节日。在这一节日里，东京大小街巷的商店都装饰一新以招揽顾客，这种将节日与商业活动结合在一起的现象，是日本已进入"发达资本主义时代"的象征。因此，这里的"都市感"，其实和欧

---

① 郁达夫：《银灰色的死》，载《达夫全集》，开明书店，1927，第137—138页。

美发达资本主义社会的现代都市感，在都市人的地域感知方面，是具有同构性的，也即一种全球化的、"世界之都"的普遍性经验。

可以说，在这些文字中，出现了一种认识论意义上的都市"虚托邦"① 空间。在这一"虚托邦"空间中，地方文化的主体性似乎消失了，旅行者与都市社会的文化关系获得了重生，凭借旅行者对"世界之都"的情感感知，原有的地方文化感暂时退场，而异质文化以面向未来的、虚化的形式与都市融合在一起，制造出"都市奇景"的空间效应。

与郁达夫同为创造社成员的成仿吾，有一篇创作于同时期的小说《一个流浪人的新年》，其中的"都市感"和《银灰色的死》极为相似，且更为细致，描绘了一幅梦境般的都市奇景，可谓"虚托邦"空间的典型。

> 基督圣诞节也过了。那小的街大的街，一天一天的都活泼起来了。我们若借用他几句现存的话，那么，这繁华的都市，在没入于一个梦境，一天深似一天的，那梦境的氛氲，一天浓似一天的。
>
> 他可以由他所住的市外，指给我们看那一大堆模模糊糊的建筑。雾一般的青烟，和着濛濛的水蒸气，好像一重柔软的薄幕一般，把她轻轻的遮住了；有时又好像天女拖着的霓裳，受着舞后的余波，还在颤动不已。那些市街，好像晓雾包中的一朵鲜花，时时反射着微弱的光芒，其实她正在贪她的酣梦。②

---

① "虚托邦"是哲学家夏可君在进行其艺术理论建构时所采用的术语，这里借用这一术语，用以指称全球化进程中的"世界之都"的空间特征，即一种凭借情感感知和文学书写，对现代都市之都市性的重新发现。
② 成仿吾：《一个流浪人的新年》，《创造》第 1 卷第 1 期，1922 年 3 月。

　　所谓"一个流浪人"的形象，正是跨域旅行中的异文化体验者的形象。这里的异国旅行者，是从某种极为现代的视角进入日本都市的，因而在他眼中，日本都市的景象有着十分鲜明的"去日本化"的色彩。在上述描写中，东京或日本的痕迹被尽量抹除，几乎觉察不到任何的地方感。这里所谓"繁华的都市"，更带有一种普遍意义的描述，也即通过文化全球性的视角，对都市空间进行"去地方化"想象，从而构建一个知觉层面的、虚构性的、"无地方感"的都市。因此，这里对于"梦境"般的都市的大段的描写，都暗示了都市旅行者是从一种暧昧的、幻想的状态中进入都市空间的，故而其看到的都市建筑是"模模糊糊"的，萦绕着水雾青烟，甚至如"舞后的余波，还在颤动不已"，而他所见的街市，宛如为晨雾所包裹的"一朵鲜花"，泛着微光。这些比喻，乍看是有些不合日常逻辑的，但如果从"虚托邦"的角度来看，这里的都市景象全然来自旅行者的想象，属于幻觉的层面，故而也就具有了合理性。

　　因此，如果说"蓬莱仙岛"是旅日中国人的"乌托邦"想象，东京吉原是城市内部的"异托邦"空间，那么在全球化进程中的作为"世界之都"的东京，就是清末民初行游日本之中国人眼中的"虚托邦"感知空间。

　　这种"虚托邦"的感知特性，其实也未必仅限于对东京的观察。从明治末期到大正时代，横滨、大阪、京都、名古屋、神户等其他核心城市的蓬勃发展，也引入了大量西洋的事物，使得异质文化在这些城市空间中的碰撞同样十分激烈。尤其是京都、大阪、名古屋等建城历史较为悠久的古城，"旧"的事物拥有着强大的存在根基，因而与"新"的事物之间更可能产生冲击与再生的力量。在周恩来的京都记事、郁达夫关于名古屋的书写中，都可以见到这种地方文化主体性的消解与再生，从而造成"虚化"的都市景观感知。

　　例如在周恩来的《雨中岚山——日本京都》中，雨雾朦胧的樱花之景，被引向了对"万象真理"的追索。

> 雨中二次游岚山，
>
> 两岸苍松，夹着几株樱。
>
> 到尽处突见一山高，
>
> 流出泉水绿如许，绕石照人。
>
> 潇潇雨，雾蒙浓；
>
> 一线阳光穿云出，愈见姣妍。
>
> 人间的万象真理，愈求愈模糊；
>
> ——模糊中偶然见着一点光明，真愈觉姣妍。①

这首诗的前半段，对岚山风景进行了极为简洁直白的描述，几乎没有多少富于文学性的词语，使得所谓"岚山"的风景其实失去了一切本土风味，毫无"京都感"。但是在后半部分，作者却有些跳跃地从阳光下的樱花，引申出"人间的万象真理"，似乎从岚山古色古香的景色中，可以发觉新世界的来临状态，也即在一片模糊之中，在"愈求愈模糊"的困顿状态中，象征着真理的新世界会偶然性地向我们显现，如同雨中微光下的樱花。

在清末民初的许多旅日文学作品中，都可以发现类似的笔法，即将都市景观进行"去地方化"的、"梦境化"的描写，使都市进入"虚托邦"的感知空间，其中的文化主体性关系变异，正反映了所谓"向内再生"的结构原理：在新旧交替的时代，在跨文化多元融合的都市空间中，作为观光客的旅日中国人，其传统的感觉结构在面对异文化景观时，悄然发生了解体与重构，而这种解体，却是以向"传

---

① 中共中央文献研究室、南开大学编《周恩来早期文集（一九一二年十月——一九二四年六月）》（上卷），中央文献出版社、南开大学出版社，1998，第413页。

统感觉结构"回归的矛盾方式来完成的——一方面,对蓬莱仙岛之"旧都"的发现,使都市感知呈现"球土化"的怪异特点,重新创造了所谓的"本土"空间;另一方面,又通过对"世界之都"的虚化的描绘,制造了都市"虚托邦"的感知效应,从而瓦解了那个被创造的"本土"空间,使都市景观获得了再生。

第三编　怪熟、情动与世界主义：都市异托邦与情感经验转型

在既有的一些跨文化研究中，"异域文化"常被作为异国形象研究、离散族裔研究以及海外旅行研究的前提，"异域文化"这一概念本身便意味着异族、异国、文化差异及文化的不兼容等，因而跨文化研究也往往从"异质文化比较"的视角，去寻找、考辨所谓"异文化"的"异"与"同"。在这一视角之下，近代中国人的海外旅行体验，常被描述为对异文化的"震惊"，亦即古老、落后、"野蛮"的晚清帝国的中国人在出访海外后，无不为欧美、日本等的繁荣发达、先进文明之"现代景观"所惊诧自惭。在这种惯常的文化史描述中，"异域"成为现代性"文明谱系"中的想象性的空间，是一个差异性、对立性的结构，充满了各种文化冲突，而形态各异的跨文化体验，就很容易被置于这种谱系结构之中来加以审视与理解。

这样一来，当我们用"震惊"一词来描述跨文化旅行中的异域

体验时，可能会先验地将复杂的文化经验置入现代性时间序列中，使之简化，从而符合"西方先于中国"的时间序列，有意无意地漏掉那些异质性的历史细节。也就是说，在近代跨文化旅行体验中，"异文化"常常并不能带来所谓的"震惊"的体验，甚至"异文化"中的"异"，这一概念本身也是十分可疑的。尤其是在清末民初的旅日体验中，毋宁说，"异文化"体验远不如"同文化"体验来得更加强烈，所谓"异文化"，本来就是一种近代民族国家观念的建构方式或意识形态表征。相应地，一个更令人纠缠的问题是，那些看似"同文化"的旅行体验中，其实也充满了各种异质性、差异性的经验要素，其"同文化"的旅行意识也常常只是一种文化的建构和共同体的幻觉。

在第二、三章中，我们已经分析了以东京吉原为代表的"妓院"这一异托邦空间中的情感感知与旅日中国人的文明观之间的关系。在本编中，笔者将进一步分析咖啡馆、庙会、书店、公园、博物馆等都市异托邦中的身体感知、文化冲突与"记忆的叠合"，考察旅日中国人在这些异托邦空间中获得的一种"非日常"情感体验，借用"怪熟"等概念加以描述，并将其与"向内再生"的感觉结构相关联。

第六章

"都市异托邦"中的怪熟经验

第一节　庐隐的东京生活体验

1930 年，当时已经小有名气的作家庐隐东渡日本，住在东京内的闹市区。庐隐时年 32 岁，随同她旅居东京的还有与其新婚不久的青年诗人李唯建。时值昭和初期，东京已经从 1923 年的关东大地震中恢复了元气，毋宁说，恰是这场巨大的灾难，给东京的城市建设带来了契机，因为在由大地震引发的坍塌，以及震后的大火和海啸的破坏下，自 19 世纪留存下来的那些木结构建筑几乎被毁灭殆尽，而这给震后的城市重建留出了空白，为新材料在新建筑中的使用提供了机会，使得大正末期到昭和初期的"新东京"的建立，有了物质材料方面的拓展空间。而庐隐正是在新都市建设之后的城市环境中，来体验东京内的咖啡店、庙会、澡堂、公园、学校等异托邦空间的。

这是一个平日里的午后，庐隐在居所里读着小说，不觉便沉沉睡去。醒来时却已近黄昏，或许是白日里的昏睡更加重了旅居生活的空虚感，她一时间甚觉苦闷，脑海里浮想起种种旧事，又引发了新的愁绪。就在此时，一曲昭和时代的歌谣飘至庐隐耳中，引起她神经的颤动。她立刻知道，这是隔壁咖啡店里卖唱女招待的歌声。随着这奇异的歌声，她开始想象卖唱者卑微困厄的生存地位，想象劳动者挣扎于衣食温饱间的辛酸。实际上，庐隐在咖啡店开张时就曾看到过店门外的广告，那上面写着"本店用女招待"字样，她不禁想起在北平（北京）时，也曾看见西长安街一带的饭馆门口，纷纷贴着类似的雇佣女招待的广告。她在心里感叹道："原来东方的女儿都有招徕主顾的神通！"①

在 20 世纪 20—30 年代，民国北平（京）的现代商业建设已初具规模，尤其是在以大栅栏为核心的区域，各类晚清时期留存下来的餐馆、茶楼、服装店、珠宝店等，纷纷在北洋军阀统治下的新商业规划中重新活跃起来。而在这些商业活动中，以雇佣年轻貌美的女性为招揽顾客的手段，是十分常见的现象。这其实是经济全球化背景下，无论是在欧美城市还是在中国、日本都市中，都可以见到的情景。可是，当庐隐从东京的咖啡店女招待联想起北平（京）的餐馆时，却十分自然地将这种普遍的商业现象归为"东方女儿的神通"，用"东方"这一具有文化亲缘性的共同体概念，将东京和北平（京）连接在一起。

当庐隐坐在咖啡店内，亲身体验这一现代商业空间的氛围时，她看到店里的女招待涂脂抹粉，便想到了"肤如凝脂，领如蝤蛴"的中国古典美人，她看到女招待们招揽顾客的仪态，便形容她们如古典美人般"巧笑倩兮，美目盼兮"。

在大正至昭和时代，日本社会的西化虽已十分普遍，但在日常生活层面，日本传统的饮食、服饰，却仍然占据着主流。当然，这里所说的"传统"，本就是近代日本的一种"发明"，它以传统的

---

① 庐隐：《东京小品》，载钱虹编《庐隐选集》（下），福建人民出版社，1985，第 40 页。

形态出现，其内在的文化逻辑却是"和洋折衷"。庐隐身处的咖啡店，正是这样一个"和洋折衷"，有着"三分洋气"的现代都市空间[①]，在这一特殊的文化空间中，一种现代西洋气息从店内的摆设、装饰以及商业运营模式等方面渗透出来，但最终与女招待的"东洋的"歌声、传统日式的服饰与装扮相结合。甚至可以说，恰恰是这些被辨识为"传统的"事物，才使得咖啡店更具现代、时尚的气息。因此，来自中国的顾客庐隐，很自然地用中国古典的审美眼光，重新"发现"了"东洋的事物"。这种"传统的发现"，是在咖啡店这一现代都市空间中完成的，因而可以说，庐隐通过丰富的听觉、视觉经验，获得了对日本传统事物的体认，而这种体认，十分微妙地与对"咖啡店"所表征的全球文化空间发生了交融，使得庐隐的文化亲缘感，既是对"东洋的发现"，又是对"西洋"的自觉接纳。

如果说咖啡店是典型的"西洋化"都市空间，那么公共洗澡堂可能就是最富于日本味的城市设施了。庐隐初到东京之时，正值盛夏时节，由于在来时的船上没有洗浴的条件，登岸时的女作家对全身汗湿的忍耐已达极限。可是，当她在街边亲眼见到公共澡堂的开放时，却感到十分为难。她很想找到一间单人的洗澡房，然而却听说这样的"西式盆汤"只有大旅馆才有，需要付出昂贵的费用。于是庐隐只得做出让步，无奈地推开了公共澡堂女汤池的门。她看到了唯有日本才能见到的"奇观"：数十个女人就这么一丝不挂、毫无顾忌地聚集在同一汤池里，身体的私密性几乎是没有的；而她们和男汤池之间也不过是隔着一堵板壁，洗浴时发出的声音可以毫不费力地传递至板壁

---

① 大正末期，东京以美国的大众社会为范例开展震灾后的城市建设，当时的新兴市民社会以"三分洋气与新意"为风尚，大量引进了各类现代先进事物。参阅〔日〕竹村民郎《大正文化——帝国日本的乌托邦时代》，欧阳晓译，上海三联书店，2015，第102—103页。

的另一边。

作为接受了西式教育的现代新女性，庐隐的情爱观、身体观可算是相对先进的，但是在日式的澡堂中，源自传统身体观念的羞耻感，仍然对这位新女性造成了极大的影响，使她十分扭捏、缓慢而小心翼翼地脱去衣衫，用毛巾极力遮掩着身体，快速地跳入汤池，只将脑袋露出水面。这种狼狈的情形，直到她洗完并穿好衣衫后，才渐渐结束。这时的庐隐，不禁开始欣赏起日本女人的人体美，甚至对她们细腻柔滑的皮肤和优美的身体曲线发出赞叹，认为这是"天然的艺术"。而在从澡堂出来回家的路上，她甚至想到，身体的禁忌、男女的大妨，不过是圣人礼教予人的虚伪束缚，只有日本人在这方面与中国和西方国家相异，反倒可能是"更幸福"的。

在这里，庐隐从最初对身体的羞耻感，到最终对身体进行礼赞，实现了身体观念的变化。通过公共澡堂里的一系列身体经验，庐隐再次发现了东洋传统的奥妙。与咖啡店里的情景相对的是，日式澡堂是作为昭和东京内部的"传统空间"出现的，它承袭自江户时代的公共澡堂文化①，体现的是江户时代以来日本人所建立起来的身体观念。然而有意思的是，庐隐其实是在一种十分现代的身体观念中，去发现"日本的身体"的。在体验日本澡堂之前，庐隐早已接受过新文化观念中的身体观，因而方能认识到男女大妨乃虚伪束缚，甚至对圣人礼教颇不以为然。也就是说，庐隐其实是借助日式澡堂这一"日本传统"的空间形态，完成了对"中国传统"的克服，而主导这一文化冲突、文化观念革新过程的力量，却是一种十分现代的身体观。

除了公共澡堂，庐隐对日本庙会（神社）的体验，亦和澡堂类

---

① 公共澡堂是在江户时代开始发达起来的，在式亭三马的《浮世澡堂》等江户文学作品中，可以见到对当时发达的"洗浴文化"的描写。

似——这是一个秋雨后的傍晚，在晚饭后，庐隐夫妇依照每日的习惯，前往住所附近的森林散步。不觉间，他们来到林中一处"土地庙"，看到敞开的庙门中正在搭台唱戏。庐隐根据对中国民间文化的认知，称这一活动为"庙会"，但从庐隐的叙述来看，这其实是一处神社，崇奉的是日本民间神道教信仰中的神灵。而庐隐却十分自然地"误读"了神社的祭祀祈福景象，将那些身着和服、脚踩木屐的善男信女形容为"礼佛"的布施者。可以说，较之公共澡堂，作为宗教场所的神社，是更具日本本土意味的传统文化空间，然而在这一富于日本民俗气息的空间中，庐隐感受到的却是与"土地庙"相类的，混杂了中国民间宗教文化、佛教文化的空间形态。

尤为耐人寻味的是，彼时徘徊在神社中的庐隐，其思绪突然发生了空间记忆的复现，她想起童年时代在北京的教会学校读书的情形。那是光绪三十四年（公元 1908 年），庐隐被送到美国人创办的慕贞女校读小学，也就因教会学校的熏陶信奉了基督教。那时的庐隐，每日要祈祷三次，常在耶稣的圣像前忏悔痛哭。尽管多年以后，早已离开学校的庐隐自认为变成了无神论者，但在日本东京的神社里，在这个日本本土宗教的异托邦空间里，她却突然回忆起信仰、跪拜耶稣上帝的往事，"觉得大千世界的无量众生，都只是些怯弱可怜的不能自造命运的生物罢了"[①]。而在从神社归家的路上，看到不少前往神社的路人，庐隐又联想起中国的土地庙来。

在这里，跨时空的记忆，以一种奇妙的方式交融在一起，形成了"记忆的叠合"。所谓"记忆的叠合"，也即在蛛网式、星丛式的记忆中，某些瞬时的"经验事态"[②]，会在无征兆、无明确逻辑的某个时

---

① 庐隐：《东京小品》，载钱虹编《庐隐选集》（下），福建人民出版社，1985，第 43 页。
② 在英国科学哲学家怀特海的过程哲学中，人与实存世界、人与他者的各种动态接触、发生关系，被描述为无数的"事件"或"经验事态"。

间点和空间点上，突然发生交合。那些处于记忆网络中的"记忆点"，例如某些人物、场景乃至个人经历的瞬间，可能会在不经意之间突然相遇。庐隐幼年丧父，自己又因母亲的迷信观念不受喜爱①，不得不在其他亲戚的照管下进入教会学校读书，这样的创伤性记忆，早已深埋在她心底，因而她对基督教会怀着特殊的情感。然而，作为美国人创办的基督教教会学校，其宗教文化内涵、信仰仪轨与日本神道教本无关联，基督教会的运行方式、信仰体系、日常礼俗，与日本神社差异巨大，几无相类之处。二者唯一的关联点，恐怕仅仅在于"宗教场所"这一虚设的概念而已。此外，庐隐在初入神社和归家路途中联想到的"土地庙"，乃是源于中国民间传统信仰的神祠，也与日本神社的宗教文化意味大相径庭。可是，正是在东京神社这一"危机异托邦"② 中，通过压抑的心理创伤的偶然性复现，庐隐的童年记忆与当下的游览经验叠合在一起，基督教会与神社空间发生了重合。同时，通过对"故国"的追念，土地庙与神社空间产生了交融。这样一来，作为西方宗教文化象征的基督教会、作为中国传统民间信仰象征的土地庙和作为日本传统神祇信仰象征的神社，就在庐隐的记忆交错和叠合中，发生了跨越时空的关联，使得极富日本传统意味的文化空间，经由观光客庐隐的感知与记忆，再生为多元交融的混杂性空间。

---

① 庐隐出生时恰逢外祖母去世，母亲认为这不吉利，因而不喜。庐隐在看到日本神社的善男信女时，不禁慨叹："迷信——具有伟大的威权，尤其是当一个人在倒霉不得意的时候，或者在心灵失却依据徘徊歧路的时候，神明便成人心的主宰了。我有时也曾经历过这种无归宿而想象归宿的滋味，然而这在我只像电光一瞥，不能坚持久远的。"这大概是其忆起了自己童年不幸的往事。参阅庐隐《东京小品》，载钱虹编《庐隐选集》（下），福建人民出版社，1985，第40页。
② 福柯将异托邦分为"危机异托邦"和"偏离异托邦"，前者是指原始社会以来的、享有特权的、神圣的、禁止随意入内的异托邦空间，例如闺房；后者是指现代社会中处理"异常个体"的空间，体现了权力对个体的规训，例如精神病院、监狱等。参阅〔法〕M. 福柯《另类空间》，王喆译，《世界哲学》2006 年第 6 期。

第二节 作为"文化装置"的书店、公园与博物馆

清末民初的旅日中国人，因多为具有较高文化素养的上层人士，或为求学问道而东渡的留学生，故常常流连于书店、博物馆、美术馆等知识性场所。而在这之外，旅日者也常常具有另一重身份——作为"观光客"的跨域旅行者，因此也多有游览城市公园、赏樱观菊的闲暇活动。可以说，正是在书店、公园、博物馆、美术馆等这些都市异托邦空间中，旅日中国人获得了各种"非日常"或"反日常"的文化经验，再生出诸多新型的情感感知模式。以下笔者将书店、公园和博物馆作为代表性的三种都市异托邦空间，探察旅日中国人的文化认同方式。

一 书店

晚清时期，访日的政界、经济界、知识界人士，虽多受命于政府或所属工作单位，肩负了考察日本现代工厂、政府机构、学校、医院等城市场所的明确任务，但在这些考察任务之外的余闲时间里，这些官员、企业家、学者，却常常将眼光投向日本城市的"传统"空间。而书店正是这种异托邦空间的代表，尤其是东京市内书店集中的街市，往往成为旅日者流连忘返之地。例如，考察晚清旅日中国人的游记和日记，普遍可以发现他们对于东京神保町一带书店的记叙，许多对这些精英人士影响至深的书籍和思想，正是从神保町书店发掘而来的。

与后来的清末民初留日知识分子所不同的是，这些晚清时期的异国顾客，常常将读书、购书的兴趣放在中国的古书方面，而非西洋

或日本的经典，这和他们来访日本的初衷多少有些相悖。例如王之春访日，一有余暇，便兴冲冲地"将入市购买古书"，并且在前往书店之前，他对书店的"货品"早有期待，他亲赴书店的行为，不过是对这种期待的践行和对预先所闻信息的实地验证。如王之春自道："余常闻日本喜购中土书籍，未之敢信，观此，则人言真不我欺。"[1] 他探访东京书店的行为目的，主要是考察"中土书籍"，也即中国古籍。

在这里，东京书店成为容纳中华文化的异托邦空间，较之书店以外的"日本都市空间"，书店成为异质性文化的混合场所。在晚清旅日中国人眼中，"探访日本书店"恰恰成为一种向中国本土回归的行为，他们在书店里寻找中国古代的文化经典，为意外买到种种稀见、绝版的中国古籍而喜悦，这些富于文人雅趣的书店是他们寄托故国情怀的文化空间，是再次确证"中华文化乃东亚文化之源流"的凭据。

这种情况到了清末民初以后的留日学生群体那里，发生了很大的变化。留学生多因憧憬西方文明而赴日求学，因而对"西洋书"颇为青睐。并且梳理留日中国人在东京书店的购书记录，可以发现，尽管多数留学生进入日本高校的理、工、医、农科专业，以学习先进科技为目的，但从他们的书店阅览、购书活动中可以看出，他们以关注思想性、文学性书籍为主，如鲁迅、郭沫若、郁达夫等人的阅读，莫不如此。[2]

周作人曾回忆在东京书店"买新书旧书的快乐"，说起在日本桥、神田、本乡一带的书店里，许多留日学生日夜徘徊、不知疲倦，是当时一种十分普遍的现象。而后来回国，虽然在北京也有书市书摊，可是许多人只是流连于琉璃厂等处的古书堆，因而失去了在东京

---

① 王之春：《谈瀛录》，岳麓书社，2016，第31—32页。
② 在肖霞的相关研究中，较为细致地考察了日本文学之于鲁迅、郭沫若、郁达夫、成仿吾、田汉、张资平和陶晶孙等人的影响。参阅肖霞《浪漫主义：日本之桥与"五四"文学》，山东大学出版社，2003。

书店的那种情趣，故"这种快乐是没有了"①。由此可见，东京书店的阅书、买书之快乐，是建立在大量的西洋书和日本书之上的，所谓"书店的情趣"，体现为多语言文化体系中的出版物的混杂和集合。可以说，清末民初留日中国人对于知识层面的"世界之都"的发现，在很大程度上是通过东京书店这一特殊的文化交融空间得以实现的。作为知识性的异托邦空间，书店与学校发挥了类似的作用，承载了向异国旅行者呈现"世界的样貌"的功能，使他们能够以接收符号信息的方式，获得对"世界"的感知。周作人所谓书店里的"快乐"和"情趣"，正是这种感知体验的表达。

二　公园

较之书店，城市公园是更具有直观性的文化混合空间。作为"观光客"的旅日中国人，他们足迹遍布东京的各处著名公园，无论是市中心区的日比谷公园、上野公园，还是郊外的井之头公园，都曾作为他们记忆东京、想象现代日本的依据。然而十分微妙的是，在这些异国观光客的叙述中，可以察觉到，他们对于日本公园的情感感知，往往十分亲切、熟悉，仿佛自己是这些城市景区的常客。这一方面和公园作为城市中的"自然"幻象有关，也就是说，公园是以"大自然"的形态展示出来的城市设施，因而能够营造一种回归山林、乡野的舒适、安定的氛围；另一方面也是由于旅日观光客们在进入公园之前，早已在本国体验过类似的城市公园景象，② 对公园可能

---

① 周作人：《怀东京》，载钟叔河编订《周作人散文全集》（第7卷），广西师范大学出版社，2021，第324页。

② 早在1868年，上海外滩即建成了中国历史上第一座城市公园"公花园"，随后相继建成了虹口公园、法国公园、极斯菲尔公园等。而到了20世纪20—30年代，随着新城市运动的推进和欧洲"田园城市"理念的引入，中国的各大城市如广州、汉口、北平等，纷纷建设了城市公园。

提供的视觉景观已有感官期待，此外，通过学校课本的介绍、街头的广告宣传，以及风景明信片和邮票的影像呈现，观光客们也对一些著名的公园积累了知识上的经验。例如郁达夫在东京第一高等学校预科班念书时，因整日学习日语，故反复念诵过"上野的樱花开了"等字句，于是，他通过日语语言学课本，初步建立了对上野公园的印象；茅盾流亡日本期间，也曾赴京都岚山公园赏樱，在乘车去往公园之前，就已在报纸上和街头上的宣传广告里看过了相关的介绍。

因此可以说，旅日中国人对日本城市公园的亲身体验，常常不过是对景观"期待"、景观"前印象"的践行和确认而已。他们的观光行为，已经初步具有现代观光业体系下的"媒介旅行"的特点，也即通过传播媒介的宣传塑造，从而建立起有秩序的、有明确目的性的旅行方式。由此，原本传统意味十足的东京"名所"，也因观光业的改造，逐渐转换为现代性空间。

我们考察日本公园史可以看到，一部分著名的城市公园，虽然建立在江户"名所"的基础之上，但是经由明治到大正时代的都市改造，这些"名所"无论是在人工造景还是游览方式上，都已逐渐欧化，成为现代感十足的都市风景区。针对城市公园这种欧化的进程，日本学者白幡洋三郎将近代都市公园称为"文明性装置"①，而近代日本的都市公园建设，正是对西洋文明中都市理想的移植，是一种"欧化"思想的体现，表达了对文明的某种态度。

可是，在城市公园这一欧化色彩浓厚的异托邦空间里，旅日中国人却仍然能够从"传统日本"的视角，将樱花、红叶、木桥、庭院等景物揽入眼中，敏锐地捕捉到他们预设的作为"名所"的风景，从而获得某种熟悉感——尽管这种熟悉感部分地掺杂了来自全球城

---

① 〔日〕白幡洋三郎：《近代都市公园史：欧化的源流》，李伟、南诚译，新星出版社，2014，第5页。

市现代性空间的某种视觉层面的"普遍性",但他们依然会倾向于将所有的风景都辨识为他们预先想要看到的"文化景观"。因此可以说,旅日中国人的公园体验,是在一种十分现代化、全球化的都市空间感知模式中,对内嵌于东亚文化圈的、亲缘性的、传统的"文化景观"的知觉。这种奇异的"向内再生"的知觉形式,使得公园成为承载观光客们各类异质性的"文化情感"的容器。

例如茅盾在岚山公园赏樱,最终却失望而归,认为樱花"不过是一种东洋货"[①]。茅盾对岚山樱花之所以评价不高,或许可以解释为他在赏樱活动中嗅出了来自日本民间的危险的文化民族主义气息,但是,如果从公园作为"向内再生"的都市异托邦空间的视角来看,这种对"东洋货"的不屑,可能恰恰源于茅盾对这些"传统事物"的熟悉,因而造成了某种厌倦感。

类似的情形也在鲁迅那里发生。在《藤野先生》(1926)的开篇,鲁迅即写道:"东京也无非是这样。上野的樱花烂漫的时节,望去确也像绯红的轻云。"[②]鲁迅为何会说东京"也无非是这样"?这种对东京的厌倦甚至反感的心情,直接导致了鲁迅对东京的逃离,独自一人转到了偏远的仙台医科学校就读。那么,明治末期的东京,对于青年鲁迅来说,究竟是怎样的存在呢?本书认为,在鲁迅对东京的厌弃心情中,上野公园这一特殊的都市异托邦空间,起到了非常关键的作用。

上野公园建成于1873年,是近代日本的第一座城市公园以及东京市内的赏樱胜地,因而也是许多旅日中国人曾经观光游览的景点。与后来建成的日比谷公园[③]等仿自德国而新建的公园不同,上野公园

---

① 茅盾:《樱花》,载《茅盾全集》(第11卷),人民文学出版社,1986,第76页。
② 鲁迅:《藤野先生》,载《鲁迅全集》(第2卷),人民文学出版社,2005,第313页。
③ 日比谷公园建成于1903年,是在19世纪德国的公园建设理念影响之下建造的,是近代日本第一座"西洋式"的公园。

是在江户"名所"的旧址基础之上建设的，主要呈现的是"江户城"建成以来的传统城市景观，体现了对江户时代"名所"的再构造。因此，鲁迅去往上野公园游览的行为，正是在有关东京"名所"的风景宣传的催动下产生的，而在鲁迅所处的明治末期，这种城市景观的再构造，却是与日本民族国家意识的上升和文化民族主义的高涨相应和的。可是颇为讽刺的是，在这些"日本味"十足的樱花树下，却满是来自清国的、留着大辫子的留学生们，这让已经剪辫，表示思想革新的鲁迅十分不屑，于是得出了"东京也无非是这样"的结论，其表达的意涵，不仅仅在于东京不是如鲁迅所想象的那样先进发达，更在于那些"清国留学生"所带来的熟悉的景象，使鲁迅将东京与南京、绍兴相类比，感到东京仿佛也成了清人的领地，这未免令人沮丧。

如此一来，在鲁迅的眼中，上野公园尤其是公园内的樱花，就为他带来了一种多元复杂的情感体验：一方面，公园是一个极为本土化的空间，力图呈现"传统的"文化空间，可是这一文化空间却被以"辫子"为表象的清人占领了，使得日本本土的城市景观变为喧嚣的中日文化混杂地；另一方面，近代公园本就是遵从了西方公园理念建造而成的，因而也具有西方公园的"向外部开放"的属性，于是，鲁迅为樱花而赏心悦目，为"清国留学生"而厌烦或羞惭，种种的情感体验，其实都是在作为"开放空间"的公园中产生的。

在欧洲国家，城市公园的雏形来自古代的私家花园，这种精英化、贵族化的视觉景观，在近代欧洲的城市公共空间改造中逐渐被大众化，实现了从私人领域向公共领域的转型。在福柯看来，古代的私家花园是一种神圣的异托邦，它是整个世界乃至宇宙的各种异质空间的"并置"（动物园同样如此）。"花园是世界最小的一块，同时又是世界的全部。"① 而当花园在近代转型为公共景观以后，其中的空

---

① 〔法〕M. 福柯：《另类空间》，王喆译，《世界哲学》2006年第6期。

间的异质性、世界性仍然留存了下来，并且以取消边界、向外部开放的形式，获得了新的异质性和世界性内涵。明治至大正时代的日本所建立的诸多城市公园，正是在这一背景之下，将欧洲城市公园的文化意涵引入日本的。因而尽管如上野公园这样的"名所"处处以日本传统风景为表象，但其实在其空间内部，已经自然而然地容纳了种种的异质性文化，呈现出向世界开放的文化景观。

三 博物馆

博物馆、博览会（为便于叙述，以下统称博物馆）几乎是晚清访日中国人的必游之地，盖因不少访日者的行程紧促，需要通过博物馆快速获得有关日本风俗、物产、科技、历史等各方面的知识。然而在明治到大正时期，日本城市博物馆的兴起，如同公园一样，都是在欧化的社会背景下，大举引进西方城市文化的结果，当时的日本博物馆不仅展示本土的器物，也展出大量来自全球各国各地的器物，而这些异域器物的集中展示，给旅日中国人带来了诸多现代都市特有的"奇异感"。

以王韬在长崎参观博览会为例，说"会中陈设，光怪陆离"，又说其中"最奇者，一肾囊其巨如斗，割之而其人不死。缫丝之具，兹用西法，倍极敏捷"。① 后来他参观了大阪的博览会，更是看到了许多叫不出名字的奇异之物，而且比长崎博览会上的展品更为精美、种类更多。

在这里，无论是自然事物还是人工器具，都因"博物馆"这一特殊场所的建构，获得了器物的"赋魅"。王韬所言"肾囊其巨如斗"，而今已很难考证究竟为何物，不过所谓"缫丝之具"则较为明

---

① 王韬：《扶桑游记》，商务印书馆，2016，第8页。

确，即近代工业技术下的纺织机器，源自欧美工业强国。可以看出，博物馆本就是一个能够将物品"陌生化"的异托邦空间。在博物馆中，通过世界的"微缩"，空间感被大幅度削弱了，无论是欧美强国的先进科技发明，还是非洲草原或太平洋岛国上的土著所使用的原始工具，都可以在博物馆这一微小空间中得到集中展示。而当不同地域的日常器物被放置在一起，获得了某种器物陈列的"秩序"时，它们就按照文化政治的需要被重新编码了。当不同民族、国家、地域身份的观光客进入博物馆，按照展品的"秩序"，以视觉的方式与这些器物发生关联时，观光客主体与器物之间必然发生感知上的交错、碰撞，因而原本平平无奇的器物，也会在博物馆的空间秩序下、在观光客的"凝视"中，被赋予了一层奇异的光辉，或者说，这便是"灵氛"（aura）的再现。

许多旅日中国人对日本的"钦羡"的情感体验，可能未必主要来源于对繁华都市以及先进技术等的感知，而更多地来自对博物馆等异托邦空间中新鲜器物的感知，正是这些器物的"灵氛"，实实在在地打动了异国观光客的心。例如实业家张謇，对日本博物馆记忆深刻，钦慕不已，因而从日本回国后就在家乡南通创办了中国近代史上第一家由中国人创立的公共博物馆（南通博物苑，于 1905 年创办）。

不过，也有不少旅日中国人并未因博物馆而产生"钦羡"之意，甚至对馆内展示的先进事物表示不屑。尤其是在晚清时期，由于受天朝上国的观念驱使，一些访日官员本就对日本这一"蕞尔小国"心存轻蔑，只是迫于上级指派的任务而赴日考察，对于他们来说，在博物馆所展示的各色器物中，只有体现日本本土风情的那些物品，方能引起他们观看奇风异俗的意趣，而那些所谓的"先进"的西方科技产品，则遭到了冷遇。

王之春在东京教育博物院参观，看到各类先进的现代机械，不但没有生出多少赞许、羡慕之意，反而认为日本如果只是仿制西方的火

车、火船、纺织机器，则未免遭到"泰西之齿冷"①，为西方人所
嘲笑。

值得一提的是，许多晚清游日中国人在启程之前，就已经对来自
西方的现代文明有所接触。王之春作为洋务派官员，在赴日考察之
前，曾于上海督验、参观过中国人"董司马"② 自己督造的机器船。
当他看到初下水试航的这艘现代机器船船体坚固、船身轻捷时，难掩
心中的喜悦和对未来的期许，并不无骄傲之意地议论道：

> 余尝见《南史》称，祖冲之造千里船，纯用机栝，不借煤
> 火，其巧妙与西国轮船无异。至以"千里"命名，则其迅捷自
> 不待言。且杨幺之楼船激水，其速莫比，亦轮船之滥觞。夫智者
> 造物，巧者述焉。异巧绝能，世不经见。而步后尘者，徒夸泰西
> 之巧，抑知中国固有先西人而为之者邪？谚云"少所见，多所
> 怪，见骆驼，谓马肿背"，独不思武侯之流马，公输之木鸢，何
> 以行于地上、飞于空中自若也。董君之造是船，绝不倚傍他人成
> 法，纵难飞行绝迹，当思精益求精。务使泰西人见之，知其聪明
> 才力，终出我中国之下也。③

王之春的这段议论十分直白，看似骄傲自大，其实反映了晚清游
日中国人较为普遍的心理。在王之春看来，西方国家的火船看似先
进，其实尚不如中国古人所造之船。早在南朝时期祖冲之就已发明
了十分迅捷的"千里船"，而且比西方火船更为精巧的是，祖冲之
的千里船"纯用机栝"，连煤炭燃料都不需要。因此，他认为那些

---

① 王之春：《谈瀛录》，岳麓书社，2016，第29页。
② "司马"为清代官职，即同知。被王之春所称赞的"安徽董司马"原为何人，已难考，
但应为参与发展现代工业的洋务派官员。
③ 王之春：《谈瀛录》，岳麓书社，2016，第14—15页。

一味夸赞、钦羡西方科技的人，其实并不知道中国的技术之先进，早已超越了西方，而"董君"所造之船，正是在中国古人的智慧基础之上完成的，相较之下，西方人的聪慧与才能，"终出我中国之下也"。

王之春依据史书只言片语的记载，想象中国先人早已发明了比西方更为先进的"千里船"，这种文化心理奠定了他访日参观的基本态度，而许多晚清访日者的对日态度，也与王之春类同。因而在日本博物馆中，无论怎样的"先进器物"，都只能唤起他们对中国古代伟大文明的记忆和想象，并以之类比西方，最终确认西方的"不足取"，进而确认了日本学习路线的错误。这时的博物馆，成为旅日中国人贬抑西方和日本，确认天朝上国之先进的"方法"。

当然，也有不少旅日中国人因博物馆留下了不愉快的记忆，甚至为之而感到屈辱、愤怒。在"学生某"所著的《东京新感情》（1902）中，记录了清末留日学生在东京博物馆参观的两种"难过"的经验：一是看到中国皇宫的物品而感到难过；二是看到中国人吸鸦片的照片而感到难过。①这里的难过、屈辱的情感反应，源于博物馆的陈列所制造的"双重观看"的效果：一方面，中国留学生亲眼看到本国器物，从而唤起了国弱被欺的历史记忆，同时，照相术对"丑陋国人""落后国人"的形象再现，也引发了他们对"国民性"问题的忧虑；另一方面，博物馆的开放性导致了一种特殊的观看效果，即参观者"感知到他人的观看"的视觉结构。在这一结构中，观看者的"看"，总是掺杂了"与他人共同观看"的意识，这样一来，旅日中国人在看到本国的器物时所感到的难过、屈辱，就会在虚拟的他人、他者的目光之下，进一步加深这种难过和屈辱感。

类似的情形在许多旅日中国人的笔下可以见到，在署名"太公"

---

① 参阅学生某《东京新感情》，《新小说》第 1 号，1902 年 10 月。

的《东京杂事诗》(1903)中，更加明确地写道：

> 东京博物馆规模甚宏丽，初入其中者，璀璨离奇，心目眩惑。内有历史部，中贮各国风俗等物……谛视数四，有支那妇人木制小脚一双，供万人观览，诧为奇事。又有鸦片具赌具等种种下流社会所用之物，触目伤心，泪涔涔下，惜不能令我四万万同胞共见之也。①

这里的"供万人观览"，其实是作者构想出的群体，是藏于博物馆观看场域内部的"隐含观者"，这些隐含观者的存在，使得"支那妇人木制小脚"成为"野蛮中国"的象征，而隐含观者则代表了"文明世界"，他们对木制小脚的观看，隐含着来自"文明"对"野蛮"的嘲笑与蔑视。不过，当看到"鸦片具赌具"等"下流社会"之物时，作者不禁潸然泪下，想象出另一个共同观看的群体，即"四万万同胞"。在这里，来自旧中国的器物似乎激发了较为矛盾的观看效果：与文明世界的他者"共同观看"，这件事情既令旅日中国人感到难过羞愧，巴不得将展品去除，但同时，这些展品又引起了他们邀请国人同胞共同观看的欲望，从而激起对贫弱中国的忧思。

除了这样深切的难过、屈辱、羞愧和忧虑的体验外，博物馆也常激起旅日中国人的民族主义情绪，为博物馆所表征的国际政治权力秩序所愤慨。例如，南社诗人陈去病在大阪参观博览会，见到台湾馆，思及甲午战事而倍感屈辱，但更令他难以接受的是，日本人竟然将来自福建的展品也列在台湾馆内，陈去病据此认为，日本吞并中国内地之心昭然若揭，于是和同游的友人找到日本管理人员理论。

类似的屈辱经验在俞平伯的游日散文中也可以发现。俞平伯曾

---

① 太公：《东京杂事诗》，《浙江潮》，1903年3月。

短期游访日本，对东京博物馆的"满蒙馆"的设置颇感愤慨。这是因为，博物馆将原本明确属于中国的地区，专门设立展馆，且与朝鲜、中国台湾以及日本北海道并置，其中欲将"满蒙"从"中国"这一国家概念中分离出去的意图昭然若揭。在甲午战争之后，日本国内的扩张主义势力逐渐抬头，近邻中国是他们首要考虑的殖民输出对象。因此，东京博物馆内的"满蒙馆"，正是一种鲜明地体现了"分离中国"的政治意图的空间编码形式，这一点被俞平伯等旅日中国人敏锐地捕捉到。

从历史记忆的功能来看，博物馆是一种"时间的异托邦"，意味着时间的无限积累。在博物馆这一城市内部的特殊空间里，所有在时间纵轴和空间横轴上的异质性文化，都以一种被规划、编码得十分和谐的方式并置在一起，因而时间和空间的张力消失了。作为时间性的、承载了民族国家记忆的器物，都以空间编码的形式呈现在博物馆中，供观光客观看、解码。在博物馆的文化政治编码被一些观光客"解码"的过程中，不同的民族国家观念很容易发生激烈的碰撞。对于甲午战争之后的旅日中国人来说，由于这一时期的日本国家主义、民族主义意识形态逐渐地渗透在博物馆空间秩序的编码中，他们在观览过程中，必然察觉到其中包藏的"野心"，故而引起愤慨之情，可以说，这种博物馆内的愤怒体验，正是旅日中国人解码博物馆空间密码的结果。

第三节　日本都市的"怪熟"体验

郭沫若在《日本民族发展概观》（1942）一文中认为，日本的许多事物虽然被日本人视为本民族固有，但其实认真追究，往往都能够发现这些事物起源于中国。例如生鱼片，在郭沫若看来，其实就是广东潮州一带所吃的"鱼生"，吃法是极为相似的。[1] 在周作人、郁达夫等书写日本文化习俗的散文或书信中，也可以发现类似于郭沫若的这种"发现中国"的方式。也就是说，他们总是能够在被视为"日本的事物"中，找出其"中国的起源"，因此这一类旅日中国人，也往往对日本在日常生活层面的文化习俗感到亲近，能够较快地融入"日本的"生活中，甚至在回国以后，对日本的衣食住行等各方面的生活细节记忆犹新，流露出怀念之情。

在今天可以见到的一些清末民初留日学生的照片中，最常见的便是这样两种形象：一是剪去发辫，身着日本学校的制服，显出从衣着到思想态度上的焕然一新；二是穿着日式的和服，身处和室之中，如同普通日本人一般悠闲地席地而坐。[2] 这类旅日中国人的形象，表露出他们对日本本土及其传统文化的熟悉和亲近之感。

郁达夫在 1922 年结束留日生涯，乘船回国之时，曾于归途中大发感慨，宣泄十年留日生活中积攒的"愤恨与悲哀"，他控诉日本逐渐显露的帝国主义野心，憎恶日本人对弱国子民的歧视，宣称"日本是我所最厌恶的土地，所以今后大约我总不至于再来的"。可是，尽管郁达夫如此决绝地表达了对日本的极度厌憎之情，但我们依然可以在他的叙述中发现一种十分矛盾的心理：他在"厌憎"日本的同时，却时常流露出对日本的风土人情、日常生活事物的眷恋之意。他在归船驶离日本之初，便开始追怀日本，甚至想象归国之后，自己会"同老人追怀及少年时代的情人一般，有追思到日本的风物的时候"[3]。而在回国十余年后，郁达夫又写下散文《日本的文化生活》（1936），回忆日本的衣食起居、文学艺术的方方面面，显露出对留

---

[1] 郭沫若：《日本民族发展概观》，载《郭沫若全集·文学编》（第 19 卷），人民文学出版社，1992，第 163 页。

[2] 例如鲁迅、郭沫若、秋瑾等，都留下了身着和服的照片。

[3] 郁达夫：《归航》，《创造》第 2 卷第 2 期，1924 年 1 月。

日时代的深切怀念，声称只要在日本久住三五年，"则这岛国的粗茶淡饭，变得件件都足怀恋"。他将日本与彼时中国社会进行对比，认为自己以前在日本的生活，"是一段蓬莱岛上的仙境里的生涯"，而反观20世纪30年代的中国社会，却"是一种乱杂无章，盲目的土拨鼠式的社会"。①

尽管经过了明治维新的洗礼，近代日本都市在社会制度、经济体系方面已相当西化，可是在民间层面，普通日本民众的日常生活方式却有着坚固的持续性，在很大程度上保持了所谓"传统"的习俗。革命家田桐通过留学期间对日本社会的观察②，得出结论，认为明治维新之后的日本，虽然表面上逐渐欧化，但"社会之里层"却仍然是东方传统文化的基调。那么，什么是所谓"日本社会的真相"呢？田桐认为，一言以蔽之，"乃唐朝社会之里面"③，也即传承自中国唐代的各种风俗文化。例如日本人的饮食、服饰、住居、寺庙、耕作方式乃至日常语言，皆袭自唐代中国，且成为日本人的精神内在，因而在甲午战争前，日本人对中国一直尊崇有加。

田桐的这一看法在清末民初旅日中国人中十分具有代表性。在这一认知结构中，"西方"始终被当作文化的表象来加以看待（这便可以解释，为何一部分旅日中国人会对日本社会"欧化"的一面表示不屑），而"日本的事物"才构成了文化表象下的深层根基。并且从中国人的立场出发，这种"日本的事物"又很容易被解释为"中国的事物"，也即起源、传承自汉唐时期的中国文化，于是，所谓"日本的事物"，也就总是被旅日中国人从中国的视角来加以再发现。例如景梅九在回忆录《罪案》（1924）中描述了留学日本时期所见的

---

① 郁达夫：《日本的文化生活》，《宇宙风》第25期，1936年9月。

② 1903年，在武昌读书期间的田桐因为在考卷上宣扬革命，被湖北巡抚端方责令惩治，故被学校开除，被迫留学日本。

③ 田桐：《我之对日态度》，载王杰、张金超主编《田桐集》，华中师范大学出版社，2011，第565页。

"秦汉"风俗。

> 不过,日本更有一种的特别情形,就是旅馆都是板屋席地,进门要先脱鞋的。出洋游学,本为维新,然而到了日本,第一先要复古,且要复秦汉的古,把那《礼记》上"户外有二屦"的话,和那《汉书》说"文帝与贾生夜谈,不觉膝之前"的话,孔子"席不暇暖"的话,前前后后,都漂浮到脑皮上面来了。①

景梅九的日本体验颇具典型性。对于许多旅日中国人来说,尽管在知识层面,他们会以日本为"西学的中介",但是在日常生活的实感层面,日本非但不是"西方的""现代的",反而在诸多方面是十分"东方的""古典的"。对于景梅九这样的清末留学生来说,通过明治维新而逐渐强盛,并最终于甲午战争中击败了清政府的日本,是值得借鉴的"学西"的"先进生",可是与想象中的欧化的日本有所不同的是,他们所亲历的日本社会却在骨子里透出"复古"的气息:进入房间要先脱鞋,与人谈话是坐在地板的席上,这样的情形,似乎只有在汉唐以前记载民间风俗的古书中可以见到。

可以看出,这里的所谓"复古",其实有两层含义:一是为"日本的事物"找到中国文化的源头,认为日本留存了"失落的中国文明",在这种文化亲缘性的想象之中,多少有些"起源偶像"②的文化骄傲感在内;二是通过追溯"汉唐",隐微地实现对清朝的贬抑与反抗。也就是说,旅日中国人之所以屡屡将"日本的事物"误认为"汉唐遗风",源于其"崇汉抑满"的文化心理,这种心理自清朝立

---

① 景梅九:《罪案》,赵晓鹏、李安纲校注,中国社会出版社,2014,第18页。
② 起源偶像,即将文化事物的"起源"作为偶像般的存在来加以看待,对"起源"进行神圣化、崇高化的处理,并对之进行膜拜,从而产生文化上的自豪感、优越感,其实质是一种本质主义的文化模式论。

国以来便一直存在，然而在清末资产阶级革命中，这种民族主义文化观转化为对保守的旧政权的抵抗力量。在近现代那个特殊的时期，原本以"复古"为表象的文化倾向，却展示出了面向崭新的未来的姿态。

景梅九接下来的一段回忆，更好地说明了这种以"旧文化"来抵抗"旧文化"的特殊心理。

> 又看见那日本人正襟危坐，忽遇宾来，便相对伏首下拜，你起我落，很有些礼让之风，才知道古人行跪拜礼，是为人在席上自然便于曲膝著地。如今中国已经把席地的风俗，改革了数千年，当然应该行鞠躬握手的礼，偏有人还硬要学古，凡婚丧大礼，特地铺张席或毡，教人家下跪，真正奇怪！①

在这里，景梅九对日本人"正襟危坐""伏首下拜"等民间风俗，流露出暧昧的态度。一方面，景梅九对日本传统风俗的体验是既陌生又熟悉的，也即一种怪异的亲切感，这种感受源自"今日之日本也即当年之汉唐"这一文化传承模式，因而那些早已失落的、悠远的汉唐文明，似乎在日本人那里复现出来，给旅日中国人带来一种似曾相识，但又忘却已久的感知效果；另一方面，作为新派人物的景梅九，正是借用这种"日本版"的所谓"汉唐遗风"，实现了对清末保守文化的超越，在他看来，清末时期的"学古"风之荒谬，并非因为"学古"本身有什么错误，而是因为这种"学古"是以别扭的、虚假的方式进行的，例如"特地铺张席或毡，教人家下跪"。在这里，景梅九将"传统日本"与"传统中国"相勾连，以这种近代文化转型时期特有的"怪熟"体验为方法，实现了对清末时期保守文化的超越。

---

① 景梅九：《罪案》，赵晓鹏、李安纲校注，中国社会出版社，2014，第18页。

有学者将晚清小说中的都市旅行体验称为"怪熟的遭遇"（un-canny encounters），认为以上海为代表的近代"先发"都市，给来自传统乡土社会的"进城人"带来了心理与情感上的特殊体验①，这是十分有启发性的观点。其实，较之民族国家内部的城乡跨域经验，那些异国文化经验的碰撞，或许更可能产生"怪熟"的文化心理。原因在于，弗洛伊德所描述的"uncanny"这一精神分析学概念，有着"熟悉化"和"去熟悉化"（或称"在家"和"非家"）这一对矛盾的内涵，而无论是熟悉或陌生，其实都是一种无意识层面的心理虚设，也即"幻觉"。那么，当我们将弗洛伊德用以解释个体心理现象的"uncanny"概念用以描述集体性的跨域文化经验时，就必须注意，这种跨域文化经验是否如同个体的无意识一般，同样带有虚设、幻觉的性质？具体而言，当我们将近代民族国家内部的"乡村－城市"跨域经验描述为"怪熟"之时，是否将"进城"的旅行者所获得的那种共同源于乡土社会的"熟悉感"，解释为一种文化模式的虚构？如此一来，这种论述自然会带来"解构民族国家"这一危险的后果。②

相比之下，将"怪熟"应用于对旅日中国人心理体验的解释，

---

① "怪熟"（uncanny）又译恐惑、暗恐、诡异、怪异、怪怖、去熟悉、非家幻觉等。在《怪怖者》（1919）一文中，弗洛伊德通过对霍夫曼小说《沙人》的阐释，提出了所谓"uncanny"（原文"Unheimliche"）的心理现象，即一种来自童年时期的、被压抑的恐惧经验，在成年后的某个时刻，突然产生了记忆的复现，从而造成一种神秘而矛盾的、既熟悉又陌生的特殊心理反应。唐宏峰借用这一理论研究晚清小说，认为在这些小说中，由于来自传统乡村社会的主人公突然进入了以上海为代表的现代都市中，遭遇各式的现代、西洋事物的冲击，从而获得了陌生感与熟悉感交织的"怪熟"体验。参阅唐宏峰《怪熟的遭遇：晚清小说旅行叙事之研究》，《现代中文学刊》2010年第4期。

② 当然，近代中国是否属于"民族国家"，这本身是极具争议性的问题，如果持"从民族国家拯救历史"（杜赞奇）的态度，将城乡跨域文化经验从"民族国家"叙述框架中"拯救"出来，也未尝不是一种逻辑自恰的叙述方式。但是毕竟，我们在叙述"中国"概念之下的跨域文化交流时，仍然难以摆脱将汉语作为基准的叙述方式，也就是说，当我们将晚清小说中清朝统治下的"旅行"叙述为一种"跨域"文化交流时，仍不得不承认这里的所谓"跨"，仍然是在汉语文化体系内部之"跨"，这与中日、中韩乃至中西之间的"跨文化交流"，是有明显的区分的。而如果要从解构主义语言学对这种"跨域"的层次进行质疑，就有可能落入"新清史"一类的研究的意识形态陷阱中。

是更为恰当的，不易滑向解构的歧途。这是因为，与古代中日文化交流所不同的是，近代中日间的跨文化旅行，是在文化全球化的背景下发生的，在晚清时期，中国与日本均以各自不同的方式步入了全球化的进程中，因此，在这一背景下，旅日中国人在日本所体验到的文化亲缘性与熟悉感，以及由此产生的"同文同种""东亚一体"等构想，就笼罩在了"全球一体化"的阴影下。也就是说，晚清以后的旅日中国人，会逐渐以某种"现代"或"全球"的视角去重新发现日本，将异质文化辨识为"日本的事物"，同时，又会以一种预设的文化模式论，将"日本的事物"归于"中国的事物"，而这种"日本的发现"或"中国的再发现"，本身就是"现代性的后果"。

第七章

旅日中国人的"情动"体验
与"情感世界主义"

在前文中，我们已经从都市景观的角度，勾勒了近代旅日中国人在视觉感知方面的重构方式，然而，前文仍然是从表层意义上的"观看"层面来谈论这些异国旅行者的文化经验，仍未涉及"观看"之中深层次的感官再造问题。同时，如果全面考察旅日中国人的感官体验，可以发现，除视觉之外，他们于听觉、味觉、嗅觉、触觉等方面的感官经验同样十分丰富，而这些经验的获得，使他们的身体意识得以再造，进而构成了思想启蒙的要件。

在本章中，笔者将通过考察"科学主义"之于郭沫若等人的视觉再造，"日本的声音"之于鲁迅、徐志摩等人的听觉意识型构，讨论身体性的"感官启蒙"的发生。在笔者看来，这种感官的重塑，带来的是异国旅行中的"情动"的体验，它使得旅日中国人从既定的身体知觉的"空间配置"中摆脱出来，发生不断地流动、转变，从而使他们在文化交融的境遇中重新发现新的、现代性的身体，因而会表现出对旧的、传统的身体的涤除和抛弃。通过对旅日中国人身体体验的剖析，我们最终可能发现一种普遍存在的"走向世界主义"的文化冲动，这种冲动基于身体感知的"情动"的发生，因而可以说是一种"情感的世界主义"。

第一节　身体的再造与感官启蒙

一　视觉的再造与听觉的经验型构

前文已论及，至少在晚清时期，在那些游访日本的中国人笔下，很难发现他们对文明、先进之日本的赞美、钦羡之意。尽管如此，我们仍然可以在晚清游日笔记中发现他们对日本都市化景象的种种描述，并且在这些描述中，仍然可以发现游日者之于现代都市的身体感官经验。例如在视觉经验方面，日本都市的"光"给他们留下了深刻的印象。在王韬、黄遵宪等人笔下，都记录了东京灯火璀璨的夜景，而这里的璀璨灯火，很大程度上是日本经由电气化改造之后的都市新景观，体现了新技术背景下的"视觉化都市"①。王之春在游日时，尽管对日本的"西洋"事物兴致索然，但也不自觉地留下了电气化改造后的都市视觉印象，他说："东京沿街燃电气灯数千百盏，如两行红烛，殆所谓夜夜元宵，乃有如此火树银花之璀璨也。"② 虽然王之春只能以"红烛"这种旧事物来理解电气灯的视觉效果，但在"夜夜元宵"这样的比喻中，还是可以看出他对于新技术下的视觉景观有些许倾慕、赞叹之意。

这种以"新科技"为支撑的视觉经验，以看似随性的"游览"的方式产生，实则悄然将一种"科学主义"的眼光渗入了游览者的

---

① 视觉化都市，是现代都市成形概念的一个重要方面，在本雅明对 19 世纪巴黎的描述中，除了钢铁、玻璃材料对于都市建筑的作用以外，电气化可能是对现代巴黎成形影响最大的技术。正是电气化的改造，以巴黎为代表的欧洲城市开始打破黑夜与白昼的二分，使得黑夜中的街道也变得如白昼一般明亮，这实际上带来了时间性的变革，使得都市中的时间感进入了全新的阶段。

② 王之春：《谈瀛录》，岳麓书社，2016，第 23 页。

知觉意识中。王之春参观东京教育博物院，看到一张"铜人图"："范土为人而剖其腹，血肉狼藉淋漓，其中脏腑经络逐一位置，另有小图，各肖其状。"① 他还认为如果医家根据此图认真研究，必得治病之道。在这里，王之春领略到西方现代医学之于身体的"目光"，不自觉地接受了以"科学"的眼光去看待人体的视觉观念。

到了清末民初时期，这种现代性的、科学主义的视觉经验，更是在留日学生那里普遍产生。在《藤野先生》中可以看到，弃医从文之前的鲁迅，正是通过在仙台医科学校的解剖学课学习，重新认识了身体。其师藤野严九郎曾为其讲授骨学、血管学、神经学，并耐心地为其做私下指导，称其所绘的血管图将"血管移了一点位置"，这样的移动虽然使得全图更加美观，但"解剖图不是美术，实物是那么样的，我们没法改换它"。② 在此处，作为医学专业教员的藤野严九郎和作为"文学青年"的鲁迅之间，发生了观念上的微妙的冲突，前者纯粹以科学主义的眼光来看待人体和血管图，而后者则试图以审美的眼光重构身体。青年鲁迅在经过"医学的眼光"改造之后，也获得了所谓"视觉的启蒙"的经验，这种经验在后来的小说《狂人日记》等中，化为一种深具政治性意味的"病理学的眼光"。

类似的情形也发生在郭沫若那里。同样作为医学生的郭沫若，可能比鲁迅接触到了更为全面的现代医学知识。在九州帝国大学，郭沫若可能目睹并操作过 X 光机、显微镜等大量的医学仪器，重建了科学主义影响下的视觉经验，因而在著名的诗歌《天狗》中也可以看到，郭沫若有了"我是 X 光线底光"这样激情澎湃的表达，对 X 光所象征的"科学之光"流露出激动不已的赞美之情。

有学者指出，在近代中国的科学主义引入过程中，X 光的引入给

① 王之春：《谈瀛录》，岳麓书社，2016，第 29 页。
② 鲁迅：《藤野先生》，载《鲁迅全集》（第 2 卷），人民文学出版社，2005，第 313 页。

中国人的视觉以及身体意识带来了颠覆性的改变。自 X 光出现以后，传统中国的身体观开始崩塌，那种建立于阴阳五行学说之上的，带有玄学色彩的"神秘的身体"，被 X 光所洞穿、解蔽、祛魅，使五脏六腑、骨骼与血管均暴露出来，而近代以来中国人的"身体的现代性"，正是在这一过程中产生的。[①]

对于极度倾慕西方文化的青年郭沫若来说，X 光是欧洲启蒙理性之"光"的延伸，是科学主义观念的现实参照，[②] 正是通过 X 光，郭沫若发现了一种重新看待自己的身体，以及重新看待这个世界的视觉能力，因而他在诗歌中难以抑制这种"发现自我"和"发现世界"的激动心情，甚至将自己比喻为 X 光，表现出科学主义的观念已经渗透进他的视觉经验之中。

除了视觉以外，旅日中国人笔下的听觉经验也十分丰富。与视觉经验相比，听觉经验的想象空间更为巨大。如果说，电气灯、X 光所带来的科技之"光"属于一种确定性的经验，因而直接改造了旅日中国人的视觉感知能力，那么相较而言，来自耳朵的感官经验或许更具有不确定性，其中的文化意涵更为暧昧。如前所述，王韬在游历日本期间，似乎对日本的事物颇为熟悉，尤其是他流连于风月场馆之间，买醉拥妓，与一般日本人无异，可是他在长崎听艺妓弹奏三弦琴，却完全不能欣赏这种音乐，说这种乐曲"多呀哑之音，声呜呜然，有类于哭"[③]。这可以说是一种陌生而刺耳的听觉经验了。

① 李恒俊通过分析清末小说中对 X 光的描写，指出了以 X 光为代表的视觉科技在近代中国人身体意识转向中的作用。参阅李恒俊《透视身体：X 光与清末民初的中西医论争及身体感知》，载周宪、陶东风主编《文化研究》（第 35 辑），社会科学文献出版社，2018。

② 在欧洲启蒙理性建立过程中，"光"具有重要的象征意义。所谓"启蒙运动"（enlightenment），本就具有将"光明"带到人间的含义。

③ 王韬：《扶桑游记》，商务印书馆，2016，第 8 页。

在《藤野先生》中，鲁迅在东京留学生会馆听到地板发出的噪声（据说是"学跳舞"所发出的声音），因而产生了对东京的厌烦感，在这一丝微妙的厌烦感中，可能暗含着对"清国留学生"的讽刺之意。联想鲁迅后来选择"逃离东京"，北上小城仙台之举，这就颇耐人寻味了。在徐志摩旅日返国途中所创作的《沙扬娜拉十八首》（1924）中，充满了对日本的留恋之情，而这种留恋之情，很大程度上体现在对"沙扬娜拉"等日语的语音迷恋上——正是通过对"沙扬娜拉"等语词的反复念诵，诗人徐志摩从听觉的角度开辟了对日本的想象空间。

听觉经验常常是瞬时性的，有可能突入稳定的空间，从而打破其稳定性，创造一种不稳定的、偶发性的感知型构。因而可以发现，较之视觉，听觉层面的文化空间想象，是更为"反日常逻辑"的，它总是在某种偶然性的情境中，将看似无关联的事物联系在一起，形成新的关联性。

在《残春》里，郭沫若描绘了在九州门司市火车站听"木履的交响曲"的感受。彼时的日本，仍有大量的乘客保持着穿木履（也即木屐）的习惯，因而每逢火车到站，乘客下车时，总能听到众多木屐踏在月台上的嘈杂声响，形成马蹄一般的噪声。郭沫若借主人公爱牟君之口，回忆当年初听到这种独特的交响曲时的感想："我当时以为日本帝国真不愧是军国主义的楷模，各地停车场竟都有若干马队驻扎。"①

在这里，"木履的噪音"为郭沫若打开了文化想象的空间，他将军国主义意识形态下的日本"马队"与"木履"联系起来，使原本并不相干的事物建立起一种微妙的联系，可谓合理性的"误读"。在

①　郭沫若：《残春》，载《郭沫若全集·文学编》（第9卷），人民文学出版社，1985，第26页。

大正时代，"火车"作为典型的现代交通工具被大量制造并投入使用。在这一过程中，火车站逐渐取代了城门、渡口，成为新的都市窗口，象征着日本对现代西方技术文化的积极接纳。可十分有趣的是，那些乘坐火车的"现代旅客"，却纷纷身着传统的日式服装，脚踏木屐，在月台上发出马蹄般的声响，这种以现代文化为"表"、以传统文化为"里"的形态，是近代日本的某种基本的文化结构，而在军国主义意识形态中，似乎真的可以发现这种类似的思想结构。在郭沫若那里，通过听觉的偶然性关联，他将这种相类的结构并置在一起，使其具有了合理性。

在上述视觉和听觉经验中，均可以发现日本之于旅日中国人的"感官启蒙"的作用。不过较为怪异的是，这种启蒙的方式并非如同五四时期的启蒙作用一般，纯粹以"学习西方，走向现代"为基本的文化姿态，相较于五四时期的启蒙，日本之于这些旅行者的感官启蒙，是在更为暧昧、纠缠的"向内再生"的文化关系中发生的。一方面，以樱花、日语、木屐等为代表的"日本的事物"，形成了旅日中国人"向内"的视觉和听觉经验，使他们恋慕于日本传统文化，进而追溯迷人的"东方情调"，另一方面，他们又时时于这种"向内"的经验之中，生发出倾慕现代文明、走向现代世界的再生性文化冲动。

在郭沫若的组诗《女神》中，他对博多湾一带的诸多风景事物进行了热情的歌颂，在这些被认为充满了过度激情的诗句中，依稀可以见到"向内再生"的奇怪的文化认知形态。例如《笔立山头展望》（1920）：

> 大都会的脉搏呀！
> 生的鼓动呀！
> 打着在，吹着在，叫着在，……

喷着在，飞着在，跳着在，……

四面的天郊烟幕蒙笼了！

我的心脏呀，快要跳出口来了！

哦哦，山岳的波涛，瓦屋的波涛，

涌着在，涌着在，涌着在，涌着在呀！

万籁共鸣的 Symphony，

自然与人生的婚礼呀！

弯弯的海岸好像 Cupid 的弓弩呀！

人底生命便是箭，正在海上放射呀！

黑沈沈的海湾，停泊着的轮船，进行着的轮船，数不尽的轮船，

一枝枝的烟筒都开着了朵黑色的牡丹呀！

哦哦，二十世纪的名花！

近代文明的严母呀！①

这里的风景描写颇似印象派油画，对景物的"描绘"，基本上出于艺术家的主观想象。从符号指涉的角度来说，这种"新诗"的写法，已经隐约具有了从"现实指涉"转向"自我指涉"的特点，预示了诗歌写作的"内转向"。

考察郭沫若所居的福冈市在大正时代的经济和人口发展状况可知，尽管这座城市也随着日本的近代化进程而初步具有了现代都市的特征，但是较之东京这样的首都，福冈很难称得上是所谓的"大都会"的。可是在诗中，郭沫若却将博多湾的风光称为"大都会"，并极力渲染这座繁华都会的喧嚣、华丽，由此可见，郭沫若这里所述

---

① 郭沫若：《笔立山头展望》，载《郭沫若全集·文学编》（第1卷），人民文学出版社，1982，第68页。

的都会，其实更是一个幻想中的、超地域性的世界性空间，一个超历史的未来空间。在这一空间中，自然景物都变得富于生命力，世间万物纷纷"打着""吹着""叫着""喷着""飞着""跳着"，构成一幅奇幻的、充满了动态感的图画。

山岳、瓦屋、海岸，这些景物原本并无现代都市色彩，反而是一些传统的、乡土的、自然的风景，充盈着日本本土的、东方的情调。然而在诗人笔下，这些"日本的风光"，却通过一种新型的感知方式，再生为世界性的、属于工业主义的未来的都市景观。可以发现，这里的感官经验是极为丰富的：无论是满是动感的视觉经验，还是嘈杂热闹、"万籁共鸣"的听觉经验，都交织在一起，使得这里的"大都会"富于身体性——诗中所谓"脉搏""心脏"等比喻，无不提示了一种建立于身体性之上的"都市新感觉"。①

在《自然底追怀》（1933）一文中，郭沫若认为自己在前期的日本经历中，"对于自然的感念，纯然是以东方的情调为基音的，以她作为友人，作为爱人，作为母亲。但是这一种情调至今完全消逝了，特别是在这所谓非常时的日本国土上，我们要憧憬自然，我们只好驾着幻梦的翅膀飞入别一个星球"②。20世纪30年代，流亡日本的郭沫若与其留学日本时期的心境自然是迥异的，可是如果从郭沫若文化观念的"向内"逐渐"再生"的过程来看，我们也能够理解，正是由于身体性的、"感官的启蒙"，郭沫若逐渐远离了作为"东方的情调"的"基音"，他对于自然的所谓"感念"，之所以消逝不再，并非完全源于"非常时期"，而是和他的身体性的知觉转向有着密切的联系。

---

① 列斐伏尔、桑内特等哲学家都曾提出过这样的比喻：城市是空间化的身体。在郭沫若的诗歌经验中，现实性的城市其实是不存在的，他所谓的象征了新世纪文明的都市景观，很大程度上是其身体的空间化想象。

② 郭沫若：《自然底追怀》，载《中国现代文艺资料丛刊》（第4辑），上海文艺出版社，1979，第227页。

现象学家梅洛－庞蒂（Merleau-Ponty）认为，身体是一个能动的主体，通过"知觉"（perception）与世界建立联系。通过身体，"自我"寓居于物质世界，并对外物显示出意向性，形成"我能"（I can）的主体意识。通过知觉，身体不断对自身进行定位，感知世界，并确立自身在世界中的"处境"（situation）。同时这种"我"在世界中的"处境"，从来不会固定下来，而是流动的，因为在身体感知世界的过程中，身体的空间感总是在不断进行调整，从而获得对空间感的"配置"（disposition）。

在近代旅日中国人那里，"旅行"并不仅仅意味着身体的位移，而是身体的再定位、再发现。对于郭沫若这样的留学生来说，当原本作为传统的、中国的身体，在日本这一异文化场所中能动地与"世界"发生知觉层面的关联时，身体便不自觉地重新定义了自身，重新开始寻找自身在世界中的位置，从而获得对空间感的"配置"。

郭沫若曾回忆：

我在一九一四年初到东京时，预备入学试验的最初半年住在小石川的偏僻地方，我不曾到过银座一次。在一高预科的一年是青年矜持期的绝顶，不说银座的咖啡馆，便连浅草的电影馆都没有去过。以后便分派到乡下去了。在暑假期中虽然偶尔有到东京的机会，但象银座的咖啡馆，实在是受了禁制的乐园。"咖啡馆情调！"这是多么诱惑人的一个名词哟！我听说那儿有交响曲般的混成酒，有混成酒般的交响曲，有年青侍女的红唇，那红唇上有眼不可见的吸盘在等待着你，用另一种醇酒来使你陶醉。那儿是色香声闻味触的混成世界。在那儿能够使你的耳视目听，使你的唇舌挂在眉尖，使你的五蕴皆充，也使你的五蕴皆空。这样的一种仙境，能得深有研究的寿昌来向导，这真是我到东京的一种意外收获了。①

这里的"咖啡馆情调"，作为一种新都市文化的象征，意味着留学生郭沫若感官层面的经验再生。他想象咖啡馆是一个"色香声闻味触"杂混的世界，这其实意味着原本稳定的视觉、嗅觉、听觉、味觉和触觉经验，在新都市生活中被重新配置，从而打破了既有的身体性。所谓"耳视目听""唇舌挂在眉尖"，看似荒谬，实则意味着感官支配下的主体性的弥散与重组。在郭沫若的想象中，都市化的身体经验不再是和谐、稳定的感觉，而是感觉的变乱、交错与再生。

二　身体的沉沦与救赎

这种"身体的弥散与再生"，在不同的旅日中国人那里，表现为"颓废"与"沉沦"或"涅槃"与"救赎"两种不同的形态。

在郁达夫那里，通过种种畸形、变态的"性"的体验，获得的是一种颓废而沉沦的身体经验。在其自传《雪夜》（1936）中，郁达夫回忆了留日期间，自己在去往东京的路上，留宿于妓馆的情形。在那个大雪纷飞的夜晚，正值二十岁青春的郁达夫，因为性的苦闷，初次尝到了醉卧于青楼的滋味。在第二日中午，郁达夫方才醒来，他在被窝里用手触碰着那位女性的身体，想起荒唐不堪的颓废一夜，竟流下了悔恨的泪水。

太不值得了！太不值得了！我的理想，我的远志，我的对国家所抱负的热情，现在还有些什么？还有些什么呢？②

---

① 郭沫若：《创造十年》，载《郭沫若全集·文学编》（第 12 卷），人民文学出版社，1992，第 114 页。
② 郁达夫：《雪夜》，《宇宙风》第 11 期，1936 年 2 月。

他如此痛彻地自责，在妓馆里呆坐流泪了半晌，可是，当他洗了个澡回来，又喝了些热酒以后，心情便平复了许多。而当他重新踏上旅途，在去往东京的火车里望着窗外的风景时，更是有了一种"脱胎换骨"的奇异感受：

> 我的脑海里已经起了一种从前所绝不曾有过的波浪，似乎在昨天的短短一夜之中，有谁来把我全身的骨肉都完全换了。
>
> "沉索性沉到底罢！不入地狱，那见佛性，人生原是一个复杂的迷宫。"①

在这里，郁达夫的身体经验是矛盾而怪异的。一方面，通过性的放纵，他失去了作为"童贞"的身体，也即那个洁净的、包含着初心的身体，被他轻易地丢弃了，而那个被丢弃的身体，是承载着"理想""远志""对国家所抱负的热情"的身体，是将自身配置于民族国家之"希望的空间"中的身体，因此，他为这个积极、能动的身体的弥散而倍感悔恨；另一方面，这种悔恨所持续的时间并不是很长，他便感到了新的身体的置换——所谓"有谁来把我全身的骨肉都完全换了"，表现了他的身体通过"性"的边缘性体验，获得了某种悖反性的再生，这种再生是以丢弃他的"希望的空间"的身体为代价的，因而无可奈何地堕入了"沉沦的空间"。最终，他似乎自暴自弃地宣称"索性沉到底"，要到"地狱"中寻见"佛性"，这意味着郁达夫通过身体的颓废，通过彻底的沉沦，意欲寻求超越身体的"废墟之上的希望"。

康德曾经对"情绪"和"感觉"进行了区分，认为"情绪"是意识的状态，"感觉"是身体的状态。"情绪"是社会文化意义上的

---

① 郁达夫：《雪夜》，《宇宙风》第11期，1936年2月。

反应，而"感觉"则具有来自身体内部的原发性的力量。因此，在"情绪"之外，还存在着基于身体感受变化的"情动"[①]。在郁达夫那里，"情绪"也许受控于某种意识形态，然而其"情动"则悖论式地向意识形态的既定秩序发起了挑战。可以说，郁达夫的精神矛盾，即在于身体的"情动"，与理性化、秩序化的"情绪"之间的冲突。

而在郭沫若那里，通过身体的涅槃，诗人试图寻找到一条全新的救赎之路。在诗人的笔下，经常可以见到他对身体的忏悔，对羞耻感与罪恶感的显露，甚至对身体死亡的赞颂。

在1920年3月30日致宗白华的信中，郭沫若讲述了自己和田汉共读《浮士德》的经历，并有感而发，作《泪之祈祷》（1920）一诗。郭沫若在阅读《浮士德》时，因玛格丽特这一人物感喟而流泪，于是将这饱含悲怆情感的泪水描绘于诗中，将其比喻为温泉，比喻为倾泻而下的庐山瀑布、奔流而去的黄河与扬子江。他甚至催动、召唤泪水如洪水般涌来，赞美这泪珠如玛瑙和红葡萄酒一般美丽，甚至想象自己溺死在这泪海之中。且看这几句荡涤心扉的描写：

> 你快把我有生以来的污秽洗净了罢！……
> 你快把我心坎中贯穿着的利剑荡去了罢！……
> 你快把我全身中焚烧着的烈火浇熄了罢！……
> 泪呀！……泪呀！……[②]

"流泪"是一种较为激烈的情感反应，是主体对于自身之物的

---

① 法国后现代哲学家德勒兹在对斯宾诺莎情感哲学的阐释中，着重阐明了"情动"这一概念。在德勒兹看来，所谓"情动"，即是指情感在主体流变过程中的变化，并且这种情感的变化总是基于身体的际遇。

② 田汉、宗白华、郭沫若：《三叶集》，上海书店，1982，第127页。

"贱斥"① （abjection）。在这里，郭沫若用激烈的泪之迸发，作为洗涤身心的工具，似乎暗示了"有生以来"的既定的身体是需要全面改造换新的，并且这种"洗心革面"的身体改造，是可以通过"自我的消解"来完成的——"泪"本就是身体的一部分，可是在主体改造、更生的过程中，"泪"却作为一种异质性的东西，被排出身体，并被用以洗涤、改造身体，从而消解原来的身体。

这种以"自我之物"来消解，改造"自我"的反讽式表达，在郭沫若的诗作中普遍可见。在其著名的《天狗》（1920）一诗中，诗人自比为天狗，欲将日月星辰乃至全宇宙吞噬，这神奇的天狗飞奔狂叫着，将自身燃烧，以达到脱胎换骨的境地。诗中尤为惊人的是这一段极尽疯狂、充满冲突、对立和矛盾的描写：

> ……我剥我的皮，
> 我食我的肉，
> 我吸我的血，
> 我啮我的心肝，
> 我在我神经上飞跑，
> 我在我脊髓上飞跑，
> 我在我脑筋上飞跑。
>
> 我便是我呀！
> 我的我要爆了！②

---

① 贱斥（abjection）或译卑贱，是法国结构主义批评家克里斯蒂娃所使用的术语。克里斯蒂娃认为，在主体认同、形成的过程中，会将认同对象的某些特质纳入主体中，使自身改变，并从自身之中逐出一部分东西，将这些原本属于自身的东西作为异质物排出主体，这就是所谓的"贱斥"过程。
② 郭沫若：《天狗》，载《郭沫若全集·文学编》（第1卷），人民文学出版社，1982，第55页。

在这些诗句中，充斥着"我"与"我"的对抗。在"我剥我的皮"、"我食我的肉"或"我啮我的心肝"等反讽表达中，出现了两种不同主体性的"我"。从身体改造的角度来看，前一个"我"是"新我"，可谓郭沫若理想中的、具有全新的感官的自我，这个自我是作为既定主体的异质物出现的，因而需要从旧秩序中的"我"里面分离出来，构成对旧的自我的反抗；后一个"我"是"旧我"，是需要被改造乃至吞噬、消解的对象，因而其肉、血、心肝被"新我"所吞食、吸吮、啮啮。而通过这样的自我消解，"新我"也获得了非秩序化的、流动的特质，因而它在"旧我"的神经、脊髓和脑筋上"飞跑"，指向一个永不止歇的、不断蜕变和再生的"躁动的主体"。这样一来，被消解的那个主体不断崩塌，而新的、创造性的主体也永不成形，两者都处于极度躁动、变化的状态之中，于是获得了奇妙的类同性，因而诗人高呼"我便是我呀"，表达了两种"我"的合一性。而所谓"我的我要爆了"，正是对这种双重的"躁动的主体"的描述。

正如郭沫若的《凤凰涅槃》一诗中所表现的意象，在这样的自我消解中，诗人的身体也如凤凰一般，走向了涅槃的境地，进而获得浴火中的重生。

在《浴海》中，郭沫若这样表达获得重生的喜悦之情：

> 太阳当顶了！
> 无限的太平洋鼓奏着男性的音调！
> 万象森罗，一个圆形舞蹈！
> 我在这舞蹈场中戏弄波涛！
> 我的血和海浪同潮，
> 我的心和日火同烧，
> 我有生以来的尘垢、秕糠

早已被全盘洗掉！

我如今变了个脱了壳的蝉虫，

正在这烈日光中放声叫：

太阳的光威

要把这全宇宙来熔化了！

弟兄们！快快！

快也来戏弄波涛！

趁着我们的血浪还在潮，

趁着我们的心火还在烧，

快把那陈腐了的旧皮囊

全盘洗掉！

新社会的改造

全赖吾曹！①

　　这里的身体，通过大海的洗涤和烈火的焚烧，像脱壳的蝉虫一般获得了新生，它决然地扔弃了"陈腐的旧皮囊"，让新生的身体成为"新社会改造"的主导性力量。在奇异的视觉景观和声音意象中，身体因与自然界合流而发生了"情动"的变化，这种剧烈的情感反应，使身体本身的属性发生了质变。

　　马克思将自然界比喻为人类的"无机的身体"（inorganic body），而在文学书写中，有机身体通过涅槃，血与肉的燃烧、熔化，也开始具有无机物的属性——诗中作为血与肉所组成的"我"，与海浪同潮，与日火同烧，使得血变为血浪，心变为心火，身体变得与自然造

---

　　① 郭沫若：《浴海》，载《郭沫若全集·文学编》（第 1 卷），人民文学出版社，1982，第 70—71 页。

物相类，它一度与大海、阳光合一，彻底摒弃了那具陈旧的、腐败的、作为有机物的身体。

这种深刻的身体性变革，在清末民初时期具有特殊的时代意义。从个体的再生与"民族－国家－世界"意识的建构角度来看，身体的转型或许预示了全新的个体的诞生，而这种现代性背景下的"个体"，可能是在某些新的共同体意识转型过程中被再生产出来的。

第二节　脱嵌与再嵌入：共同体意识的转型

如前所述，旅日中国人的感官启蒙和身体转型，其实是在一个更为宏大的社会历史转型的背景下发生的。在清末民初时期，通过"旅日"这样的跨域旅行活动，部分中国知识分子进行了跨国、跨民族的身体位移，从而获得了异文化交错中的"身体的重塑"或"身体的再发现"。在这一过程中，身体逐渐从既定的共同体中分离出来，表现为极度张扬的个体意识（例如郭沫若诗歌中的自我意识表达）。正是在日本这一特殊的异文化场所中，一些旅日中国人通过"向内"寻找"中华"的方式，反而抛弃了源自远古的作为"根性"的"中华"，从而使自我发生了"脱嵌"（disembedding），主体从原有的共同体中挣脱了出来，开始标榜一种旗帜鲜明的个人主义观念。然而这种貌似个人主义的观念表达，其思想基底却是新的共同体意识对旧的共同体意识的取代。也就是说，与"脱嵌"同时发生着的，总是个体在新的共同体中的"再嵌入"。具体就他们的文化身份观念而言，他们其实是以个体化的方式，摆脱了旧的国民身份，进而试图建立起新的"中国人"的身份意识。

哲学家查尔斯·泰勒认为，自1500年以来，欧洲社会进入了所谓的"世俗时代"，与在此之前的"神圣时代"相对。在欧洲早期社会中，个体总是没有办法脱离某种共同体来想象自我的存在，个体只能通过设想自我与社会、自我与宇宙之间的关系，从而确立自我的位置，这就是所谓的"嵌入"。然而在世俗时代，个体要从既定的共同体社会中逐渐分离出去，"自我"逐渐被理解为可以能动地抵抗社会性的"自由的个体"，这就是"大脱嵌"[①]（the great disembedding）的历史进程。

清末民初，由于西学东渐的影响，中国也逐渐进入了大脱嵌的历史进程中，然而较之于西方，由于中国传统社会共同体的强大力量，近代中国人对"个体"的追寻方式与西方极为不同，中国人往往是以个体化、个人主义为方法，在完成"脱嵌"的同时，"再嵌入"新的共同体中，因此可以说，近代中国人从未真正地实现西方意义上的个人主义，从未构造出西方意义上的"自由的个体"。

例如"口岸知识分子"王韬的人生经历和思想演变，就十分典型地反映了中国社会早期的一种"脱嵌"方式的雏形。正是通过流亡香港，游历欧洲、日本的人生经历，王韬开始逐渐脱离儒家伦理基础之上的传统社会共同体，试图寻找到游离于中华文化之"正统"以外的独立的、个性的自我。因而他将眼光投向海外，大量译介、传播西方文化，同时亲身游历海外，以期重塑自我意识。这样的经历，使他较早认识到了何为"西方"、何为"世界"，并提出了东方、西方之"同心""同理"等世界性文化共同体的构想，形成其独特的"大同"思想。然而正如前文所述，令人感到不可思议的是，那个加入了基督教会，看似极为亲近西方的王韬，那个所谓"开眼看世界"的知识人王韬，终其一生仍然以致力于重构传统儒家文化秩序为己任，他的作为知识人的自觉意识，最终仍然要指向新的儒家共同体的构建。在本节中，笔者将通过对旅日中国人的宗族身份与地域身份意

---

① 〔加〕查尔斯·泰勒：《世俗时代》，张容南等译，上海三联书店，2016，第169页。

识，来勾勒这种"嵌入"与"再嵌入"的发生机制，同时，笔者将通过对旅日中国人的"怨情"，发现一种独特的"心情的民族主义"，并将其视为中国人"走向世界"的心理基础。

一　旅日中国人的宗族身份与地域身份意识

"人'最先'更多地是生活于他者之中而不是自己本身之中，更多地生活于共体而不是自己的个体之中。"① 人总是被他生存于其中的"小世界"所构建，在前现代中国，这个"小世界"就是以父母为核心、逐渐辐射到整个家族和宗族的"乡土社会"，呈现一种圈层结构的"共体"。在这一共体结构中，个体的观念、情感总是被圈层结构中的某一层级力量所制约，个体的价值观倾向与情感表达总是以共体的形式得以呈现。

在旅日中国人笔下，经常可以见到他们对"乡土"或家族关系的重申。南社诗人高旭于 1904 年留学日本，在《东京旅怀》（1904）一诗中，他用"何方可解倚闾恨，不遣高堂白发生"一句，写出了作为异国旅行者的个体对无法割舍的血缘关系中的"高堂"的挂念。而"飘然东去只身轻，断绝温裾太不情。父曰嗟余子行役，五千里外正沉吟"② 等诗句，更是立足于海外异域的场所，想象空间对家族关系的"断绝"。无独有偶，同为南社创始人之一的柳亚子也有诗句"高堂病妇都堪念，忍绝温裾遂荷戈"（《奇泪》），里面引用了西晋末年"温峤奉使，绝裾而去"的典故③，微妙地表达了只身漂泊的不安感，也即脱出于传统家族社会的个体的不安感。

---

① 〔德〕马克思·舍勒：《同情感与他者》，朱雁冰、林克译，北京师范大学出版社，2017，第 97—98 页。

② 郭长海、金菊贞编《高旭集》，社会科学文献出版社，2003，第 48 页。

③ 据《世说新语》《晋书》载，名士温峤欲参与政事，其母担心战乱期间儿子的安危，不让他离去，但温峤主意已定，便绝裾而去。

周恩来在旅日日记中，将这样的情感表达得更为清晰。在日记的开篇，周恩来说："我今年已经十九岁了，想起从小儿到今，真是一无所成，光阴白过。既无脸见死去的父母于地下，又对不起现在爱我、教我、照顾我的几位伯父、师长、朋友。若大着说，什么国家、社会，更是没有尽一点力了……俗语说得好：'人要有志气。'我如今按着这句话，立个报恩的志气，做一番事业，以安他们的心，也不枉人生一世。有生以来沾着这个'情'字……"① 从这里可以看到，如周恩来这样的留日学生，在漂泊海外的生活经历中，其实也时时牵挂着遥远的故乡，他们的价值观念、情感流动，总是与远方的家族相关联。

周恩来为浙江绍兴周氏家族的一员，周氏家族是典型的传统乡土社会中以血缘为纽带建立起的地方氏族大家庭。在传统的宗族社会中，个人的一切行为活动，都会被纳入以"家庭""家族"为单元的共同体概念中来加以看待，因此，周恩来的留学得到了叔伯亲人的资助，这种资助必然影响建立周恩来"身在日本心在中国"的精神结构。

周恩来在旅日日记中记录了留日期间与家人的多次来信，涉及四伯父、二伯父、二叔、兄弟、堂兄弟以及干爹（实为生父）等十数名家族成员，他为八伯父之死而伤心，为四姨母年关难过而担忧，"恨不能即时回国，为家里处置这些事情才好"②。但他同时又觉得，以他目前的处境，还是要专注于学业，努力考取官费资格，方可有能力报恩于家庭。这便可以看出，周恩来的个人理想追求，在某种程度上是以"个人的追求如何能在家族共同体中发挥作用"这样的问题

① 中共中央文献研究室、南开大学编《周恩来早期文集（一九一二年十月——一九二四年六月）》（上卷），中央文献出版社、南开大学出版社，1998，第307页。

② 中共中央文献研究室、南开大学编《周恩来早期文集（一九一二年十月——一九二四年六月）》（上卷），中央文献出版社、南开大学出版社，1998，第332页。

为背景的。

　　然而在跨文化旅行活动中，由于文化环境的变化和新鲜的文化观念的影响，一种新的个体意识必然觉醒，从而促成共同体意识的转型。可以发现，青年周恩来在留日期间的某些思想观念，已经发生了与其强大的家族意识之间的"断裂"，例如他谈及自己的恋爱观时，有这样的表述：

　　　　自由恋爱无男女，人生何必有妻孥。……我今天给乃兄的信，谈到人生婚姻的事，我说是人生最苦恼的事。……我想人生在世，恋爱是一种事；夫妻又是一种事。恋爱是情生出来的。不分男女，不分万物，凡一方面发出情来，那一方能感应的，这就可以算作恋爱。所以马狗都可以有报恩的事体。至于夫妻，那纯粹为组织家庭，传流人种的关系，才有这个结合。不过夫妻由恋爱中生出来的，是真夫妻；若随旁人的撮弄，或是动于一时感情的，这个夫妻实在是没有什么大价值。按着这个理推，是恋爱的范围广，夫妻的范围狭。恋爱里可以有夫妻这一义，夫妻绝不可以包括恋爱的。①

　　通过对"自由恋爱"的认同、对"夫妻"的贬低，周恩来实际上不自觉地超越了家族共同体中对于夫妻情感关系的理解，超越了传统的婚姻观念。而这里所谓的"自由恋爱"，正与西方近代个人主义观念中对于男女情感关系的理解相符合。

　　在这个意义上，我们甚至可以把留日中国人娶日本妻子的现象，看作摆脱传统家族共同体的一种方式，例如郭沫若娶佐藤富子（郭

---

①　中共中央文献研究室、南开大学编《周恩来早期文集（一九一二年十月——九二四年六月）》（上卷），中央文献出版社、南开大学出版社，1998，第330页。

安娜）为妻、周作人娶羽太信子为妻，也都曾引起了来自家族内部的争议，甚至周作人与其兄鲁迅的决裂，也与羽太信子的介入有着微妙的联系。

因此可以说，旅日活动给中国人带来了"脱嵌"的契机，近代日本这一多元文化空间，成了他们在传统共同体之外寻找"自我"的平台。

从这一角度出发，我们也能够理解，为何一些旅日中国人时常会在海外生活中获得一种孤寂感。例如郁达夫，他是一位十分喜好写"孤独"的青年小说家，这很可能与他对家族社会的记挂，以及在日期间与亲人的分离（例如与其兄郁曼陀的分离）等有关。在著名的小说《沉沦》的开头，他通过小说中"他"的塑造，写出了留日生活中的原子化个体感受，例如这样的描述："他近来觉得孤冷得可怜。"再如这样的表达："他的早熟的性情，竟把他挤到与世人绝不相容的境地去，世人与他的中间介在的那一道屏障，愈筑愈高了。"[1]这些"与他人隔离"的心理，既来自异国漂泊者所感到的日本同学对他们的"欺侮"，也来自这些漂泊者远离熟悉的家乡、脱离宗族社会的不安感，这便可以理解为何郁达夫或郭沫若等人会留下大量的家书，在这些留日家书中，满是对家族的挂念，对亲人的反复问候，这与他们在异乡时时感受到的孤独处境是相对应的。

在藤野严九郎的回忆中，也提到了鲁迅是唯一在仙台留学的中国人[2]，因此，"想必他一定很寂寞"[3]。这种孤独感、寂寞感，既可以说是"排外"的日本社会所造成的，但同时，也可以解释为旅日中国人在"脱嵌"的过程中所必然获得的一种心理感知。

---

[1]　郁达夫：《沉沦》，载《达夫全集》，开明书店，1927，第9页。

[2]　藤野先生这里的回忆或许并不准确，据考证，与鲁迅同去仙台留学的还有另一位中国人施霖。

[3]　藤野厳九郎『謹んで周樹人様を憶う』『文学案内』、1937年3月。

但是，这并不意味着所谓"自由的个体"会在这样的"脱嵌"过程中形成。实际上，无论是鲁迅、郁达夫还是周恩来，他们的个人主义思想观念或情感表达，都是以"重构共同体"为旨归的，例如他们对"中国国民性""中华民族""祖国"等概念的强调，即是这种"再嵌入"共同体的急迫冲动的体现。

与此相应的是，旅日中国人对"地域"身份的强调，也是他们"脱嵌"与"再嵌入"的一种方式。

从明治末期到大正初期的东京，留日活动达到了高潮，聚集在这座城市里的中国人在数量上已非常多。可以看到，这些留日学生在这里开展办刊办报、演讲聚会等文化活动，常常是以"同乡会"等地域单元为基础的，甚至形成了内部集团意识极强的浙江帮、湖南帮、山西帮等。而他们所办的刊物，也往往以省份和地方名为刊名，强烈地昭示着地域身份感，例如《浙江潮》《河南》《四川》《云南》《江苏》《江西》《新湖南》等。再如鲁迅的散文《范爱农》（1926），所写的也是对留日期间所认识的绍兴同乡的观察，"同乡"成为留日学生传统共同体观念的一种变异。

实际上，所谓的以"同乡"为代表的地域身份观念建构，更多地来自旅日中国人在异文化场所中所获得的"世界性"或"全球性"观念。在美国历史学家杜赞奇看来，"现代中国关于地方的话语来自大量力图对有关地方的历史观念与情感加以利用与再解释的全球性资源"①。简而言之，"地方性"恰恰是通过"全球性"的强调而建立起来的，正是由于"日本东京"这样的全球性大都会给旅日中国人带来了开放的眼光以及对"世界"的体认，才相应地派生出对"地方"的重新建构。

---

① 〔美〕杜赞奇：《地方世界：现代中国的乡土诗学与政治》，褚建芳译，载王铭铭主编《中国人类学评论》（第2辑），世界图书出版公司，2007，第24页。

在杜赞奇那里，这种"全球性资源"是契诃夫、屠格涅夫等19世纪俄国小说及德国的乡土文学，或詹姆斯·弗雷泽（James Frazer）、安德鲁·朗（Andrew Lang）等人的人类学著作，此外，杜赞奇还特别强调了日本民俗学者如柳田国男对周氏兄弟的影响。但如果将这一观察方式用于清末民初留日学生的考察，可以发现，留日学生所普遍采用的地方话语，更可能来自"近代东京"这一特殊的文化场所，在这一场所中，"地方"被视为一种可以与异文化经验相类比、相结合的资源来加以利用，从而通过"地方"的发掘与再生产来完成与异质性文化的对话、交流乃至融合。从这个角度来说，我们便可以理解，为何鲁迅要在《摩罗诗力说》中推崇裴多菲这样的东欧弱小民族的诗人，为何他会倾慕于那些来自相对边缘地区的文学家。

山西人景梅九初到日本，见到中国人就觉得十分亲热，但令他最感亲切的中国人，恐怕还是来自山西的老乡。在一次留学生聚会活动中，景梅九记录下了某山西老乡的发言，在这段"高论"中，我们可以发现一种奇特的想象"世界大同"的方式，它经由个体对共同体的不断"脱嵌"和"再嵌入"，试图构建一个世界层面的"想象的共同体"。

今天在坐的各省人都有，我是山西人，到这里颇听见有一种南北省界的话，很不赞成。在我底意思，以为这省界是人为的，非天然的，说有便有，说无便无。如今最要紧的，是化除这种省界。大家莫道这是一种难事，我以为极其容易。譬如：人在本省，各县的人自结团体；及到北京，各省人又自结团体，那一种县界，不知不觉的就化除了。及到了外国，譬如我们今天在日本，便觉得通是中国人，那省界自然又不存在了。再进一步说：到了欧洲，这亚洲人自然有亲爱的意思，把国界也能化除些。再

推一步，要是到那别的行星里边去，我们地球上的人见了面，自
然要亲热起来，把黄白的种界，也可以化除了。老子说的"其
出弥广，其知弥少"，就是眼界愈大，僻见自除的意思。①

这自然是一种较为简单的所谓"世界主义"的观念。不过，在
这一观念的逻辑推演过程中，我们却能够看到一种尝试拆解共同体
的企图和可能性，也即所谓"省份"或"山西人"这样的地域身份
认同方式，在中国人精神上"走向世界"的过程中形成了，但也恰
恰因为旅日中国人在身体上位移到了异文化的全球性都市空间中来，
他们据此而获得了淡化甚至抹除地域身份认同的可能。

二　旅日的"怨情"：异文化景观中的钦羡与憎厌体验

在第一章中，我们通过考察晚清文人王韬游日经历中的心绪，可
以知道，在甲午战争之前，如王韬这样的"闲游"日本者，往往是
带着"领略风土人情"、寻找文化共性的心理动机或"前理解"，身
赴东京吉原这样的烟花之地的。然而在甲午战争之后的旅日中国人
那里，十分微妙的是，尽管他们的心境仍在很大程度上保留了王韬那
种向传统中华文化内部"发现自身"的特点，但又在领略"日本风
情"之外，更多地生发出对日本风景的"怨情"。这种从"风情"到
"怨情"的情感反应变化，可能体现了晚清至民国旅日中国人的民族
主义情感转型。

在清末民初旅日中国人的风景体验中，可以发现，所谓"怨
情"，大体可分为两个不同的面向，即"钦羡-忧虑"与"憎厌-轻
蔑"，而在这两种面向里，都可以发现一种逸出"怨恨式民族主义"

---

① 景梅九：《罪案》，赵晓鹏、李安纲校注，中国社会出版社，2014，第22—23页。

情感结构的可能性。

首先是钦羡与忧虑经验。在旅行中，旅日中国人经常对日本的先进富强表示钦服与羡慕，同时，他们往往触景生情，为国仇家恨而感怀伤痛。在晚清时期，戊戌变法失败后的梁启超流亡日本，初到日本，他便有"脑清身爽"之感，对明治维新后的日本政治气象和社会风貌赞赏有加，对普通日本人乐观向上、勤奋向前的精神状态钦羡不已，而这些都被他作为反观清政府之腐朽肮脏，忧心中国之没落的镜鉴。相类似的，在黄福庆的《清末留日学生》、太公的《东京杂事诗》等清末留日文献中，都可以看到留学生们对日本都市建设之进步、教育观念之先进、社会文化之发达的钦服与羡慕，同时也总能由这种钦羡之情引出对清廷官员之腐败的反感，甚至联想到甲午战败所带来的国势衰微。[①]

在这方面，高旭的诗歌具有一定的代表性。在留日期间，高旭发表了一系列游日诗，在这些旧体诗中，日本各地的景观总是能勾起作者的忧国之情。例如他经过马关，便自然想起甲午战争和《马关条约》之事，于是"客子行经心暗伤"[②]（《过马关》），他在东京上野公园看樱花，于是留下诗句一抒胸中的无限惆怅之情："沉沉怀古国，风光正凄切。愁思忽中来，泪迸流泉咽。浩荡怨灵修，谁使金瓯缺。岂无美妙花，惜供他人折。东风恣狂荡，啼洒杜鹃血。日暮登高邱，怅望无言说。"[③]（《上野公园看樱花》）他登富士山，见到山势磅礴、云雾浩瀚，忽然就生发出"男儿快意"与斗酒之"狂意"，且言道："警叫一声中华大帝国，天声巃巃震动轩辕宫。无奈偌大睡狮沈醉颓卧终不醒，垂头丧气爪牙脱落双耳聋。"[④]（《登富士山放歌》）

---

① 郑匡民：《西学的中介：清末民初的中日文化交流》，四川人民出版社，2008，第320—324页。

② 郭长海、金菊贞编《高旭集》，社会科学文献出版社，2003，第47页。

③ 郭长海、金菊贞编《高旭集》，社会科学文献出版社，2003，第50页。

④ 郭长海、金菊贞编《高旭集》，社会科学文献出版社，2003，第53页。

考察高旭的游日诗，可以发现，日本风景总是作为他追怀、忧思故国之事的对象，是他表达"暗伤""凄切""愁思"等一系列情感反应的契机，在他的旅程中，似乎一直在睹物思国，为国事而哀伤泪流、怅然远望，哀叹"睡狮"中华的沉睡不醒、体力衰弱。

高旭在东京游览名胜凌云阁，著有《登浅草凌云阁》（1904）一诗：

> 一发神州断雁边，人文寥落已多年。
>
> 愧兹都会真繁盛，满眼欢虞万灶烟。
>
> 太息当今少霸才，千红万绿苦相摧。
>
> 怪他富士多情甚，隐约山光扑面来。（富士山最高峰隐约可见）
>
> 西风瑟瑟水迢迢，苦忆花开故国遥。
>
> 独倚危栏人不识，百端哀感集今朝。[①]

凌云阁，又称浅草十二楼，是一座市内观景楼，登楼者近可以观东京全景，远可以眺望富士山。凌云阁建于明治维新以后的1890年，后损毁于1923年的关东大地震。高旭游览凌云阁之时，正是日本欧化主义达到高峰的"鹿鸣馆时代"。和当时许多新都市建筑一样，凌云阁以炼瓦为建成材料，具有西洋建筑风格，此外，其内部还装设了自动电梯，为日本史上首部电动梯。

作为观光客的高旭，在登临这样一座"欧化"风格的塔楼凌云阁时，便别有一种文化意味了。经由这座现代感十足的建筑，高旭从俯瞰的视角重新观察了东京，以陌生化的视觉经验再次认识了东京。实际上，如前文所述及的，明治末期的东京仍然以江户时代留存下来的日式建筑为主，在景观方面未必有那么"现代"，但恰恰是凌云阁

---

① 郭长海、金菊贞编《高旭集》，社会科学文献出版社，2003，第49页。

这样的少数新式建筑，突入了都市空间内部，在传统的都市景观之中形成了空间"炸裂"的效果，使登临的游客能够从某个特异的视角重新认知都市景观。从这一角度来看，高旭所谓"都会真繁盛""满眼欢虞"，就都是从"凌云阁"这一特异的空间结构出发，所获得的一种别样的视觉经验，而所谓"独倚危栏人不识，百端哀感集今朝"，也并非一种日常的孤寂或哀愁感，而是在作为观光客的高旭登临凌云阁的那一刻，方能产生的一种独特的"旅情"。

其次是憎厌与轻蔑经验。前文已经谈及，在《藤野先生》的开头部分，鲁迅对东京上野公园的樱花，进行了一番十分暧昧的表达，流露出对于东京的厌腻之情。

> 东京也无非是这样。上野的樱花烂漫的时节，望去确也像绯红的轻云，但花下也缺不了成群结队的"清国留学生"的速成班，头顶上盘着大辫子，顶得学生制帽的顶上高高耸起，形成一座"富士山"。也有解散辫子，盘得平的，除下帽来，油光可鉴，宛如小姑娘的发髻一般，还要将脖子扭几扭。实在标致极了。①

这里的反讽语调，流露出鲁迅对"清国留学生"的反感，进而延及对东京的厌弃。在鲁迅看来，现实中的东京和预想的东京是有差距的。在留学前的预想之中，东京是明治维新后进入现代社会进程的文明之都，是可以用来超越清朝的文明典范，但实际上，鲁迅在东京感受到的很可能更多的是东京陈旧的一面，这既包括他已经写出的上野公园、留学生会馆的经验，也可能包括他未能写出的，日本人文化观念中的极端民族主义、国家主义意识给他带来的不安或不快

---

① 鲁迅：《藤野先生》，载《鲁迅全集》（第2卷），人民文学出版社，2005，第313页。

（这一猜测，可以从仙台时期鲁迅所遭遇的来自同学的歧视，以及著名的"幻灯片事件"中得到佐证）。因此，鲁迅才要意味深长地说："东京也无非是这样"，并主动离开了东京，独自前往仙台，成就了鲁迅的"第一次回心"。

从这一视角来看，我们便可以在"东京也无非是这样"一语中，读出鲁迅对东京、对"文明社会"之日本的一种轻蔑之意。在其他留日中国人那里，这种因外来者身份所遭遇的日本人的歧视、排挤、嘲笑，而产生对日本文明的轻视之感，是十分普遍的现象。在湖南作家谢冰莹笔下，赏樱活动中的日本人被描绘为丑陋而下流的民族。

　　好几天以前，朋友们就谈起看樱花的事情，如果要了解日本人的性格和习惯，最好去参加他们的樱花节。有位朋友还说了一句这样有趣的话：

　　"要描写日本人的丑态，非在樱花节去寻找材料不可！"①

谢冰莹认为，在"樱花节"这样的特殊节日里，最可以看出日本人的国民性格。这似乎也不无道理，因为"节日"其实是日常生活序列中的"特殊时间"，正是在节日里，日常被压抑的、遮蔽的隐秘情绪以狂欢的形式释放了出来。因此，谢冰莹经由对樱花节的观察，为日本人描绘了文化肖像。

然而，谢冰莹在对日本人的描绘中，透出一股厌恶与蔑视之情，她将日本人的国民性格归为"浪漫、疯狂、淫荡"，将他们理解为"情欲压抑的民族"。在谢冰莹看来，樱花节中日本男女之间的无所顾忌、极度放肆，彼此的"调情、接吻、拥抱"，都是对日常生活中"压抑机制"的冲击。再从女性的视角来看，她认为日本在进入现代

---

① 谢冰莹：《在日本狱中》，铁风出版社，1948，第2页。

以后，虽然经济上十分发达，但在对待女性的社会态度上却没有多少进步，反而因资本主义的推进带来了女性的商品化。基于此，她想象"樱花节"就是商品化的艺妓打扮得花枝招展、招揽皮肉生意的节日，是穷学生、下层劳动者获得"性的满足"的节日。而对于普通的日本女性来说，樱花节是她们从闺房中挣脱出来，"像饿狼似的去寻找野味"的机会，是她们寻求身体与精神的欲望补偿的机会。于是她得出结论："凡在日本住过的，谁都知道看樱花的目的，不止于樱花，主要的是看那些在樱花之下狂歌乱舞的疯子。"①

在谢冰莹等人的笔下，可以较为明显地看出一种出于报复心理的、对日本人的"恶意的书写"，即刻意从消极的视角去解读日本文化现象，将日本民族刻画为粗鄙不堪、蛮性未改的群体。这种恶意的书写，和留日学生们普遍遭遇到的来自日本人的歧视眼光，恰好能够形成对照。而就谢冰莹个人而言，其留日经历中的耻辱记忆，更是形成了她对日本的"怨恨"心理。②

在清末民初留日中国人那里，有人因看到日本社会之先进文明而表示钦羡，因看到中国与日本的文明落差而产生忧虑，或也有人因看到日本之保守主义思潮扩大而感到憎厌，并因此而对日本之表面的"先进"而透出轻蔑之意，这些情感反应，是十分普遍的。

在既有的一些清末民初留日学生研究中，这些钦羡、忧虑、憎厌与轻蔑的表达，往往被视为近现代中国民族主义情绪的来源，被放置在"现代中国民族国家意识觉醒"的框架中来加以认识。然而这种认识的缺陷在于，它很可能预设了"民族国家"之类的历史概念，并在这种理论预设之下，对留日中国人的情感反应进行了过度阐释。

① 谢冰莹：《在日本狱中》，铁风出版社，1948，第2页。
② 谢冰莹曾于1931年、1935年两度留日。在首次赴日求学时，恰逢伪满洲国建立及溥仪访日，因为拒绝参与出迎溥仪的活动，谢冰莹被日本特务逮捕关押，并在狱中遭受各种刑罚的摧残，最终被遣送回国。

例如作者为"履冰"的旧体小说《东京梦》（1909），于清末宣统三年在作新社①刊印，全文仅八回，描写了留日学生和清廷派遣的官员游访东京的经历。其中在写清廷官员吴意施参观东京美术馆，看到油画中的历史事件场景时，有这样一段描述：

> （油画）描写那年庚子联军破天津的景象，俨如真的一般：城楼火起，人民奔逃的光景；聂士成的兵苦战不退、血肉横飞的光景；联军分进，炮火炸裂、马兵冲阵的光景，写得十分入情，真如身临其境。那一种风云惨淡之气，令人惊心动魄，把吴意施看得呆了……走出油画馆，吴意施向天吸了几口新鲜空气，叹道："好了，好了，这才见着青天白日了。谁说是看油画，恍如做梦一般。那种描写的技能是不消说的，今天可又长了一番见识……"②

在小说的其他段落中，写到了吴意施因"支那人"或"豚尾奴"的身份和外貌而遭到日本人的嘲笑，这是在清末民初旅日文学中十分常见的情节。因此，我们很容易从这些描写中引出如下观念：这些耻辱的经历构成了中国人民族主义情感的来源。但是，这样一种解释可能忽视了旅日群体的多样性，并且强行将"消极经验"与"民族主义思想"联系在一起，将民族主义视为某种非理性的、不可控的情绪冲动，从而狭隘地理解了跨文化交流情感与民族主义观念的进

---

① "履冰"究竟为谁之笔名，目前尚无定论。而发行《东京梦》的作新社，在成立的时间、地点和运作方式上，也有诸多不确定之处。根据邹振环教授考证，作新社可能于1901年成立于上海，由曾经有过留日经历的戢翼翚（1878—1908，字元丞）与日本教育家下田歌子合作创办，而作新社所发行的大量书籍报刊，多为有日本留学背景的人编译。参阅邹振环《戢元丞及其创办的作新社与〈大陆报〉》，《安徽大学学报》（哲学社会科学版）2012年第6期。从这一点来说，《东京梦》的作者有过留日背景，应该是有着较大可能性的，因此小说的"写实性"也会更强。

② 履冰：《东京梦》，作新社，1909，第29页。

步意义。

在上述段落中可以看到，这位叫作吴意施的虚构人物，正可以作为许多旅日中国人的象征。他们在博物馆、美术馆等地参观游览，获得新鲜的视觉经验，这本身就是他们重构封闭的主体的方式，使他们能够走出传统的文化环境，在异文化、异国都市的"异托邦"中，获得感官启蒙与情感再造的可能性。对于千千万万个旅日的"吴意施"来说，油画所呈现的直观的历史场景，令他们不得不勾起国破受辱的国家记忆。但油画之于他们的作用却不仅限于记忆的唤起，而是对屈辱的历史记忆进行了再建构，因而吴意施才会感叹"这才见着青天白日"了，形容看油画的感受"恍如做梦一般"，并因之"长了一番见识"。在东京美术馆里，油画向旅日中国人输出的不仅仅是客观的历史知识，更是一种历史记忆在视觉经验层面的再生产。正是吴意施在观看油画时所获得的那些"惊心动魄"的感受，构成了旅日中国人重新认识历史、思考中国之处境的"心情"，这种自然而然的、出自本真内心的情感反应，与极端狭隘的"怨恨"情感，是有所区别的。

实际上，在全球化时代的留学和旅行活动中，随着更加频繁的异文化碰撞与异国异族人的交际冲突，如钦羡、忧虑、憎厌、轻蔑这样的情感反应，会成为普遍发生现象，而非中日文化交流中特有的现象。甚至可以说，只要有文化交流，就必然会发生异文化的冲撞，也就必然会带来弱国了民对强盛国家的积极反应或消极情绪。在这些情绪反应之中，钦羡与憎厌可能是最为自然的，也是文化冲突中最基本、最原始的两种情感反应。而忧虑和轻蔑之情，则紧随钦羡与憎厌之后产生。

在笔者看来，不能简单地将留日中国人的情感反应理解为所谓"怨恨式"民族主义情绪。在这些异国来客的"怨情"之上，可能还存在着更高层级的，作为"心情"的民族主义构想。这种"心情的民族主义"，其实在很大程度上对"怨情的民族主义"进行了超越。

章太炎游京都，经过耳冢①，便从朝鲜的视角，发出对日本侵略朝鲜之史事的慨叹，认为耳冢"不足自旌其伐"，反倒会"启人复仇之志"②。在这里，章太炎借耳冢所象征的朝日史事，透出了对战争史的理性反思。在凭吊耳冢时，章太炎敏锐地洞察到耳冢背后的复杂深意，预感到其可能引发的"复仇之志"，这其实也是对甲午战争后中国人心理的一种曲折地呈现。然而当章太炎以旁观者来理性审视这样的历史时，就显得十分冷峻而客观，似乎去掉了任何消极的情绪，去积极理解"民族主义"在历史进程中的积极作用与恰当位置。这便是笔者所谓的"心情的民族主义"，它摆脱了纯粹情绪化的"怨情的民族主义"，试图理性推进民族主义，使其合理、有效地服务于历史进步。

这种"心情的民族主义"，可能源于旅日知识人的自我反思能力。在郭沫若、郁达夫那里，都可以找到一种看似矛盾的自我反思心理。一方面，他们面对日本人对"支那人"的歧视，出于报复的心理，刻意去发掘日本人的消极的一面，或恶意、轻蔑地解读日本文化现象和日本人的文化性格；另一方面，他们又对自己的这种报复性的文化心理有着高度的自觉，因而自嘲"中日两国互相轻蔑的心理，好象成了慢性的疾患，真是无法医治"③。

同样的，他们对国弱民贫的忧虑，也不止于简单的国家和社会批判，实际上，许多旅日中国人在忧虑之余，多有对历史教训的深刻反思和对救亡之道路的远大构想。在陈去病的一首五言长诗《东京雨

---

① 耳冢原称鼻冢，位于日本京都丰国神社附近。16世纪末，日本的丰臣秀吉两次率兵入侵朝鲜，朝鲜国王请求明朝派出援兵，最终击败日本，史称"万历朝鲜战争"。日本虽然战败，却将数万阵亡的朝鲜军、明军的耳朵和鼻子割下带回日本，葬于耳冢。
② 章太炎：《游记一篇：旅西京记》，载《章太炎自述》，人民日报出版社，2012，第96页。
③ 郭沫若：《今津纪游》，载《郭沫若全集·文学编》（第12卷），人民文学出版社，1992，第309页。

后寓楼倚望》（1903）中，作者的思想生发过程便颇值得玩味。在这首诗中，陈去病记述了他在寓所观览东京暴雨之景的情思：一阵怪风过后，急雨骤然而至，一时间雷鸣闪电、地震屋摇，然而转眼间风雨止息、天空放晴，"世界恍新沐，光明如琉璃"，一派清新气象。面对这一景象，陈去病不禁感慨，悟出一个道理："大凡物腐败，则必多弃遗"①，相应的，一种旧制度的腐朽，也必须经由彻底的革新去弊，方能迎来清朗的前景。

从"心情的民族主义"视角来看，许多旅日中国人对日本的消极性的情感反应，其实质更可能是欲借"民族主义"表达，从而实现对自身与家国文化位置的反思。那些看似是对异族、异文化或文化"他者"的排斥、贬抑之情，其实恰恰可以看作"与他者相遇"的征候式反应。正是由于旅日中国人跨出国门，通过日本这一开放的文化空间逐步走向了世界，才产生了与异文化他者的频繁接触和相遇，表现为丰富的"相遇的心情"。

这种"心情的民族主义"，与笔者称为"情感世界主义"的观念之间存在着微妙的关系，笔者将在下文中进一步厘清这种近代中国的世界主义观念的形成脉络。

第三节　走向"情感世界主义"

一　从"个体"的脱嵌到"情感世界主义"

顾彬曾经分析了苏曼殊《断鸿零雁记》中"情"与"理"的分离，认为苏曼殊对"情的唯一"的强调，体现了一种与传统中国断

---

① 张夷主编《陈去病全集·浩歌堂诗钞》，上海古籍出版社，2009，第20页。

裂开来的现代性精神，因而尽管苏曼殊在语言上采用传统的文言文写作小说，但其小说的内容却已经告别了传统。① 其实，如果从中日跨文化的角度来看待《断鸿零雁记》的"情"之现代性断裂，可以发现，如果说苏曼殊的小说已经有意识地表现与传统"断裂"的精神，那么这种"断裂"正是通过跨域旅行来实现的。在小说中，主人公来往于中日两地（这也是苏曼殊本人人生经历的写照），时常因行旅于异地，加之交通不便，而与原有的家庭和恋人发生疏离，这便导致了主人公深切的孤寂感和漂泊感。正是在这样的文化流动的背景下，旅行者在异文化环境中重新发现了"自我"，逐渐远离了传统的社会环境，使个体意识在新的环境中凸显。而所谓"情的唯一"，正是个体的脱嵌的反映，因为对"情"的强调往往是作为个体反抗、摆脱旧的共同体的方法和力量而出现的。

例如在郭沫若的诗歌中，那种狂放的激情，显露着自我意识的极度张扬，鲜明地体现了新的"个体"在"新世界"中的形成。顾彬在分析《天狗》这首诗时，认为其中发生着所谓"崇高的转移"②。所谓"崇高的转移"即是指，传统不再崇高，而是被个体所取代，个体、自我变成了至高的存在。

那么，在这一"转移"过程中，"个体"是否真的如顾彬所说，成为新的"崇高的主体"？如前所述，在 20 世纪早期中国人的跨文化交流活动中，西方意义上的"个人主义"意识并未真正形成。那些脱嵌于旧的、传统共同体的所谓"个体"，其实是以再嵌入新的共同体的方式得以显露的。

顾彬用"自我救赎的文学"来把握郭沫若诗歌的特点，那么

---

① 参阅〔德〕顾彬《20 世纪中国文学史》，范劲等译，华东师范大学出版社，2008，第 15—17 页。

② 〔德〕顾彬：《20 世纪中国文学史》，范劲等译，华东师范大学出版社，2008，第 32 页。

"自我"为何需要救赎？又将如何救赎呢？在解答这一问题时，必须考虑到郭沫若诗歌发生的跨文化环境。对于留日学生郭沫若来说，所谓"救赎意识"，其实就是在跨文化环境中，通过与文化"他者"的相遇，所生发出的个体的脱嵌意识——只有通过从传统共同体中脱嵌的方式，才能实现"自我"的革新，从而能够与异质性的文化他者平等对话。

从这一角度来说，郭沫若的诗歌中其实已经初步具有了"向文化他者开放"的世界主义意识，或者说一种"世界主义的移情作用"①。

例如在《晨安》中，诗人的视野从眼前的大海升腾挪移，飞越祖国的长江、黄河、万里长城，又跨越俄罗斯、帕米尔高原、喜马拉雅山、印度恒河，而后到达印度洋、红海、苏彝士（苏伊士）运河、尼罗河，再跃至意大利、法兰西、比利时和爱尔兰，还横跨大西洋、美国，最终穿越太平洋，回到扶桑国日本。在这种对世界各地"地点"的不厌其烦地铺陈中，可以发现一种狂躁、剧变中的"崇高的主体"正在形成，这个"崇高的主体"并非绝对追求所谓"自我意识"的"个体"，而是一个向世界、向四面八方无限开放的主体。这个神奇的主体试图通过破坏一切旧秩序、瓦解一切旧体系的方式，在"个体"与"世界"之间建立一种新的关联。

这里的情感表达方式，可以说是一种"定向情感"，也即在情感的生发之中，诗人重新确立了自己在世界的位置，从而重构了主体。

显然，这里所谓的"世界"其实也是一种虚构的"想象的共同体"。如果说"个体"从未真正成为个体，而只是在脱嵌的同时，不断再嵌入新的共同体，那么与这个个体相对的"世界"，也只是一种

---

① 德国社会学家乌尔里希·贝克用"世界主义的移情作用"来描述媒介全球化时代的一种"情感全球化"现象，认为大众传媒能够唤起全球各地不同国家、民族、地区的人们相互之间的同情。本书借用贝克的这一术语，用以描述近现代旅日中国人的情感的全球化，认为跨文化旅行活动能够产生一种"移情"的作用。

指向未来的，处于变化、流动之中的世界，是个体需要不断从中寻求新的主体性的所谓的"世界"。

因此，准确来说，在郭沫若的诗歌中，其实存在两种"世界"，有时候，诗人所谓"世界"，只是那个需要被克服、超越的"旧世界"，而非个体所向往的"新世界"。例如《凤凰涅槃》中的一段：

……啊啊！
生在这样个阴秽的世界当中，
便是把金刚石的宝刀也会生锈！
宇宙呀，宇宙，
我要努力地把你诅咒：
你脓血污秽着的屠场呀！
你悲哀充塞着的囚牢呀！
你群鬼叫号着的坟墓呀！
你群魔跳梁着的地狱呀！
你到底为什么存在？

我们飞向西方，
西方同是一座屠场。
我们飞向东方，
东方同是一座囚牢。
我们飞向南方，
南方同是一座坟墓。
我们飞向北方，
北方同是一座地狱。
我们生在这样个世界当中，

只好学着海洋哀哭。[1]

在这里，"世界""宇宙"都被描绘为"阴秽的"，被比喻为"屠场""囚牢""坟墓""地狱"，那个飞腾、狂躁的主体，尽管寻遍"西方""东方""南方""北方"，却也只发现这是个陈旧的世界，令人哀痛绝望。在这首诗中，"世界"被理解为需要被彻底打破的旧事物，这与《晨安》等诗中对"新世界"的激动不已的想象，形成了鲜明的反差。

二 重新理解"民族主义"

许多清末民初留日学生的研究都倾向于将中国人所遭遇的"歧视"解释为后来中国民族主义情绪产生的一个来源。这固然是一种逻辑自洽的解释，但是，在进行这种历史勾连之前，仍然有必要先了解，在日中国人所感受到的"歧视"，究竟是在怎样的境遇中发生的？回到历史现场的实际发生状态，也许会发现，所谓"歧视"其实有着多种面相，并非所有的"歧视"都与"民族主义起源"有关。

首先，所谓"歧视"是多方面的。一是"文明论"意义上的"歧视"。中国人的卫生习惯、行为习性不合于日本人所理解的"现代文明"法则，因而遭到"文明开化"的日本人的歧视。在1905年《中央公论》的一篇采访报道中，高等商业学校校长寺田勇古描述了清国留学生爱吵闹、卫生习惯差的"惊人"状况。说这些留学生所居公寓从早到晚吵嚷不休，会随地吐痰，且不顾刚刚打扫干净的庭

---

[1] 郭沫若：《凤凰涅槃》，载《郭沫若全集·文学编》（第1卷），人民文学出版社，1982，第37—38页。

园，"俨视该庭园一部为彼等痰盂"①。而寺田原以为，汉字发源自中国，中国人本应尊崇文字，也应对书写文字的纸张怀有敬谨之心，可是这些留学生却随意丢弃废纸，使庭院一角的垃圾"状似山积"，此外，一些留学生耽于妓乐，不分昼夜地和下女嬉戏，种种恶习，都令寺田深为厌恶，"喟然叹息"②。如这样的对留日中国学生的批评，在彼时的公共舆论中并不鲜见，反映了"文明谱系"上日本与"清国"的"先进"与"落后"的差异。

二是"文化差异"上的"歧视"。鲁迅的恩师藤野严九郎，曾于少年时代学习过汉文，因而他的心里却怀着对中国的尊敬，他自述道："我很尊敬中国人的先贤，同时也感到要爱惜来自这个国家的人们。"③ 然而藤野先生也曾回忆到彼时社会上歧视中国人的风气：当时虽然中日甲午战争已经结束多年，但日本社会还存在着辱骂、嘲笑中国人是"梳辫子和尚"的风气，而仙台医学专门学校也有一些日本学生"以白眼看待周君，把他当成异己。"这种嘲笑"梳辫子"的"歧视"，其实更多源于两国之间在服饰方面的文化差异，并不能直接引向民族或国家之间的政治冲突这样宏大的背景。

三是经济层面的冲突所造成的"歧视"。清末留日学生所遭受的"歧视"，其实并不仅限于精神层面，在经济层面上，留日学生往往来自中国的中上阶层，经济条件尚可，所以他们常被当作各类商店老板、房东甚至妓女、窃盗加以盘剥、敲诈的对象，而一些私立学校为赢利，也不惜通过虚假的招生宣传吸引留学生，这些更为实际的不法行为，同样构成了留日学生在经济层面上所感到的"歧视"。

其次，这些多重面相的"歧视"，并非都与"民族主义"相关。

---

① 〔日〕寺田勇吉：《清国留学生问题》，载日本法政大学大学史资料委员会编《清国留学生法政速成科纪事》，裴敬伟译，广西师范大学出版社，2015，第211页。
② 〔日〕寺田勇吉：《清国留学生问题》，载日本法政大学大学史资料委员会编《清国留学生法政速成科纪事》，裴敬伟译，广西师范大学出版社，2015，第212页。
③ 藤野厳九郎『謹んで周樹人様を憶う』『文学案内』、1937 年 3 月。

从"个体"与"世界"的"相遇"来看，我们便可以理解前文所述的"心情的民族主义"的内涵：旅日中国人在日本所遭受的歧视和侮辱，并不能直接引发对日本的狭隘的"怨恨"。这种歧视、侮辱，常常只是一种文学修辞的夸张表达，是一种跨文化交流中的"症候"，表现了这些跨域旅行者渴望融入"他者"却不得的焦虑不安的"心情"。

因此，我们需要重新理解所谓"民族主义情绪"的起源与指向，我们会发现，许多被认为能够引起民族主义情绪的中日之间的"对话"，其实都暗含了"个体"在文化碰撞中为自己重新定位的意识。在创造社小说《最初之课》（1922）中，作者郑伯奇塑造了一个叫作"屏周"的留日学生形象，这名学生在读书期间，遭到了来自日本教师和同学的种种歧视、嘲笑、刁难。例如，在某节课上，一位日本教师对屏周的国民身份产生了质疑，并对其进行了嘲弄：

（先生）"喂，你是什么人？"……

（屏周）"我叫做 So Hei Chu。"……

（先生）"哼，是呀，你的名字这簿子上没有。你不是日本人。你是朝鲜人吗？清国人吗？"

屏周听了这话，不免又有点冒火。朝鲜人，他却不气，最难受是"清国人"三字。

……

（屏周）"我是中华民国人。"……

（先生）"什么，中华民国？我怎么不晓得？支那吧。"

那先生答了，向屏周投了一瞥轻蔑的目光，全堂的人都哗——地笑了。①

---

① 郑伯奇：《最初之课》，《创造》第 1 卷第 1 期，1922 年 3 月。

可以看出，通过对"支那"这一侮辱性词汇的使用，这位日本教师试图刻意回避"中华民国"的存在。而留日学生屏周则极力抹去"清国人"这一旧称号，以"中华民国"作为替代"清国""支那"的名称。对于这一对话情节，我们固然可以对其进行"过度阐释"，想象日本教师"轻蔑的目光"给留日学生造成的心理伤害，并将这种"创伤记忆"与"留日反日"等民族主义情绪关联起来加以审视。但同时也可以发现，留日学生屏周在对"中华民国"这一身份的强调中，透露出一种骄傲与自信感。

民族身份一旦确立，便很难消除，而因民族身份产生的"承认的政治"，蕴含着推翻"腐朽政权"和复兴"汉族中国"的双重焦虑。也就是说，留日学子耳中听到的"清国人"一语，既激发了他们"中国已落后于世界，沦为东方蛮邦"的空间性的意识，同时也唤起了他们的历史记忆，这种双重屈辱，使他们必须通过新的共同体的建立，来重新获得他者的承认。

在这里，"中华民国"是作为"升华的原型"① 出现的，正是通过将"个体"放置于"中华民国"这样的新的共同体想象之中，留日学生获得了"融入世界"，以及重新想象世界的可能性。而小说屡屡书写的留学生所遭受的歧视，恰恰反映出在"融入世界"的过程中，他们面对旧眼光、旧式的嘲弄时所表现出的精神上的高度敏感。这种心理的自觉，正是他们构建、调整自身与家国、世界关系时的症候式反应。

再如不肖生的长篇小说《留东外史》，有不少对中日之间文化冲突的描写，其中有一段写留日学生黄文汉，与主动来访的日本陆军少

---

① 这里借用了詹姆逊在谈论种族冲突与阶级斗争问题时所使用的术语。在《论"文化研究"》一文中，詹姆逊指出，种族冲突是不易消除的，但阶级斗争却是以消除阶级为旨归，因而阶级斗争为种族冲突提供了一种"升华的原型"，当种族冲突升华为阶级斗争时，原有的种族差异、矛盾就有可能被抹平、消灭。参阅〔美〕弗雷德里克·詹姆逊《文化研究和政治意识》，蔡新乐等译，中国人民大学出版社，2018，第29页。

尉中村清八之间的对话，颇耐人寻味。

> （黄文汉）亲自递了个垫子，说了声请坐。中村略点了点头，坐下笑问黄文汉道："贵国是清国么？"黄文汉道："不是。"中村诧异道："日本吗？"黄文汉道："不是。"中村道："那就是朝鲜了。"黄文汉道："不是。"中村道："那么是那里哩？"黄文汉正色道："是世界各国公认的中华民国。"中村大笑道："原来如此，失敬了……"①

这里的对话，和《最初之课》里的情形极为相似，不过在这里，作者通过主人公黄文汉之口，更进一步明确地说出了"中华民国"这一概念得以成立的前提，即"世界各国公认"。在黄文汉看来，中村少尉问话中的"清国"一语，是令人不快的，显示了对方之"中国认识"观念的陈旧。因此，他特别强调自己的"中华民国"国民身份，认为"中华民国"足以对抗所谓"清国"一语中所夹带的轻蔑之意。可是在强调"中华民国"这一概念时，却必须将其置于"世界各国"的眼光之中，以"被世界各国所承认"为自信的基础。这就是说，"中华民国"这样的"新的共同体"，是需要在"走向世界"的开放性语境中，才能够真正实现的。

从这一角度出发，重新看待郁达夫留日经历中所描述的那些"屈辱"的片段和细节，似乎可以读出另一种意味。在《沉沦》中，郁达夫借小说主人公的视角，写出了日本同学对中国人的"恶意"的目光：

> 有时候到学校里去，他每觉得众人都在那里凝视他的样子。

---

① 不肖生：《留东外史》（上），岳麓书社，1988，第81页。

他避来避去想避他的同学，然而无论到了什么地方，他的同学的眼光，总好像怀了恶意，射在他的背脊上面。[①]

这种对莫须有的"目光"的觉察，起源于孤独的旅行者对"他者"的恐惧。实际上，在郁达夫的叙写中，几乎所有的"歧视"，都源于这种恐惧心理之上的想象。例如小说讲道，在上课之时，主人公"他"虽然身处在众人之中，却时时感到一种深切的孤独感。并且相比于独自相处时的孤独，立于众人之中的孤独感反倒更加深重而难以忍受。其原因即在于，作为异国来客的个体被迫地安放在了作为"他者"的群体之中，在"他"与"他们"的相处相融过程中，"异文化目光"必然对"他"之主体形成冲击，不可避免地造成了"他"之主体心理上的隔离。这既造成了"他"之新的主体性形成，也表明了"他"与"他们"存在着永远不可能完全相合的一面。

这个孤独的"他"，虽然身处教室之中，但其灵魂却飞到了九霄云外，完全听不进教师的话语。待到下课铃响，那些日本同学都簇拥成群，兴高采烈地谈笑着，可是"他"却眉头紧锁、沉默不语。"他也很希望他的同学来对他讲些闲话，然而他的同学却都自家管自家的去寻欢乐去，一见了他那一副愁容，没有一个不抱头奔散的，因此他愈加怨他的同学了。"[②]

这里的描写十分有意思。对于孤独的"他"来说，尽管他看起来自闭而寡言，不愿与人接触，但其内心却"很希望他的同学来对他讲些闲话"，这个所谓的孤独的个体，其实无时无刻不渴望融入集体之中，而一旦作为"他者"的日本同学们没有感应到他的心理，无人与他交谈，他便暗自怨恨起来。可以说，这里的"歧视"，作为

---

① 郁达夫：《沉沦》，载《达夫全集》，开明书店，1927，第16页。
② 郁达夫：《沉沦》，载《达夫全集》，开明书店，1927，第17页。

一种悖反的心理状态，更多地源自"他"对他者的"期待"。与其说这里写出了日本同学们对中国人的排挤或"歧视"，不如说，这是以一种悖反的方式，表达了中国人渴望融入"他们"的急切心情。

在这些情节之后，被孤立的"他"得出了这样的结论："'他们都是日本人，他们都是我的仇敌，我总有一天来复仇，我总要复他们的仇。'"可是这种想法，只是在他极度悲愤的时候，才生发出来。而当"他"内心平静下来之后，细细想来，却又开始责怪自己："'他们都是日本人，他们对你当然是没有同情的，因为你想得到他们的同情，所以你怨他们，这岂不是你自家的错误么？'"①

对于郁达夫来说，日本人是"仇敌"的想法只是一时兴起的心理反应，而他在理性自省的状态下所产生的观念，其实是对日本人的"理解"。他深切地认识到，"他们都是日本人"，这种他者身份的差异，恐怕是难以抹除的，因而他们对自己的所谓"排挤""歧视"，也在一定程度上可以被理解。实际上，一些对郁达夫求学时期真实经历的实证调查，也显示郁达夫当时并未受到多少所谓的"排挤"，那些不断被郁达夫书写的"歧视的目光"，可能更多出于其个人的想象，反映了他敏感的性情，以及他作为异乡漂泊者的脆弱神经。②

在郁达夫的情感结构中，民族身份的"绝对的外在性"、民族情感的绝对的不相容，成为他疗救个体危机的方法。将日本人不断地"他者化"，有利于跨域旅行者解决个体脱嵌后的"孤独"的情感危机。正如李海燕所说，"民族同情的隔膜却成为他宽慰自己缺乏个人同情的借口。有了民族作为霸权的指示物，绝望感便可以轻易地发生外化"③ 在郁达夫那里，所谓"民族主义"只是他希望调整"个体"与"他者"之间关系的一种征候式的表达，而郁达夫自己对这种

① 郁达夫：《沉沦》，载《达夫全集》，开明书店，1927，第17页。
② 参阅高文君《且吟且啸　斯人独行——郁达夫在名古屋》，南京大学出版社，2015。
③ 〔美〕李海燕：《心灵革命》，修佳明译，北京大学出版社，2018，第267页。

"情绪式"的民族主义，也是有着高度的自觉意识的。

在旅日中国人那里，如郁达夫这样的对"民族身份"的绝望的呼喊，恰恰反映了"个体"意欲走向"世界"的情感转向。

三 "世界主义"的谱系

在近代中国知识分子那里，不乏关于"世界主义"或近似于"世界主义"观念（例如"天下大同"）的阐发，这成为晚清到五四前后与国家主义、民族主义相对的一条重要的思想脉络。无论是维新派的严复、康有为、梁启超、谭嗣同，或是革命党人孙中山、蔡元培以及"改良派"的胡适，还是马克思主义思想家陈独秀、李大钊，都不同程度地、从不同视角出发倡导过"世界主义"的政治理想，或设想过"世界大同"的政治蓝图，形成了"世界主义"的思想谱系。

在清末时期的"世界主义"思想主张中，谭嗣同的思想颇具代表性。在《仁学》（1897）中，谭嗣同认为，"地球之治也，以有天下而无国也。庄曰：'闻在宥天下，不闻治天下。'治者，有国之义也；在宥者，无国之义也。曰：'在宥'，盖'自由'之转音。旨哉言乎！人人能自由，是必为无国之民。"[①] 在这里，谭嗣同引用了老庄的"无为"思想，将先秦思想中的"天下观"转换为"世界观"，将"在宥"的思想运用于对"地球"也即"世界"的理解。在他看来，理想的世界无须人为的"治理"，而所谓"国家"的概念，也是一种可以被取消的共同体概念，这种概念被发明出来，用以治理天下人，实则导致了"自由"的受限。因此，必须实现"无国"，方能实现真正的"人人能自由"。

---

① 蔡尚思、方行编《谭嗣同全集》（增订本），中华书局，1981，第367页。

可以看出，谭嗣同这里对"国家"或"自由"的理解，仍然是对先秦哲学中的理想主义思想的继承，并不具备实际推行的可能。因而他在提出这些观点后，不无理想化地设想一个平等、兼爱、大同的世界：

> 无国则畛域化，战争息，猜忌绝，权谋弃，彼我亡，平等出；且虽有天下，若无天下矣。君主废，则贵贱平；公理明，则贫富均。千里万里，一家一人。视其家，逆旅也；视其人，同胞也。父无所用其慈，子无所用其孝，兄弟忘其友恭，夫妇忘其倡随。若西书中百年一觉者，殆仿佛《礼运》大同之象焉。①

在谭嗣同的设想中，当"天下"最终走向"无国"之后，一切的人我之分都将被取消，一切的人与人之间的矛盾、隔阂，包括"战争""猜忌""权谋""彼我"，都将不复存在，于是连"天下"这一概念本身也失去了空间限定性的意义，因为一切的屏障、边界都被打破，"天下"成了无限开放的、虚设的空间。在这一理想状态中，一切的传统伦理也都将被颠覆，例如"家庭""慈孝""友恭""夫妇"等等。

这种早期的、朴素的世界主义理念，在维新派知识分子那里普遍可见，皆具有一种回归先秦思想的倾向。例如康有为后来也提出要"泯中西之界限，化新旧之门户"②，写出了《大同书》（1902）这样的世界主义宣言，也是将孔孟儒学中的"人人为公""天下大同"等思想予以再阐发，将其应用于对"新世界"的想象。

在这之中，梁启超的后期思想更为复杂。在第一次世界大战结束

---

① 蔡尚思、方行编《谭嗣同全集》（增订本），中华书局，1981，第367页。
② 汤志钧编《康有为政论集》（上册），中华书局，1981，第295页。

后，梁启超曾与丁文江、张君劢等人同游欧洲，他亲眼看到了战后欧洲的凄惨景象，引起了他对于西方文明尤其是"科学主义"的反省和批判。欧洲现代民族国家相互纷争、攻伐所造成的严重后果，使梁启超回归到传统东方文明中去寻找新的理论资源，进而展开对于极端的国家主义和爱国主义的反思，在《欧游心影录节录》（1920）中，他说：

> 国是要爱的，不能拿顽固偏狭的旧思想，当是爱国。因为今世国家，不是这样能够发达出来。我们的爱国，一面不能知有国家不知有个人，一面不能知有国家而不知有世界。我们是要托庇在这国家底下，将国内各个人的天赋能力，尽量发挥，向世界人类全体文明大大的有所贡献。[1]

在这里，梁启超反思国家主义的资源是"个人"和"世界"，而这里的个人和世界，与西方语境中"个人主义"（individualism）和"世界主义"（cosmopolitanism）有所不同，其思想资源主要来自传统儒家文明中的以"小我、自我"为核心的"人格主义"和以"天下观"为基础的"大同主义"，并且融合了墨家的"非攻"思想。梁启超试图通过对儒家思想的不断阐发，来调和五四时期盛行的各种个人主义、民族主义、国家主义、世界主义的思想流派，因而他提出要建设一种"世界主义的国家"，将"国家"作为"个人"（小我、自我）和"世界"（天下、大同）之最终实现的基础。这种认识较之谭嗣同和康有为的朴素世界主义观，又向现实实践推进了一步。

罗志田指出，"清季民初的中国读书人虽因不断的国耻和思想的西化而服膺西方近代民族主义，但最终还是暗存一种'道高于国'

---

① 梁启超：《欧游心影录节录》，载《饮冰室合集》，中华书局，2015，第128页。

的观念，总向往一种在民族主义之上的'大同'境界。他们中很多人都是国难深重时便诉诸民族主义，事态稍缓又徘徊于各种接近'大同'的'超人超国'学说之间"①。这就是说，在晚清民初时期，"民族主义""国家主义"等思想学说，总是作为一种时事使然的、暂时性的"策略"被加以阐发的，而真正能够解放个体、实现自由的，还是以传统儒道思想为根基的"世界主义"，这才是这些知识分子的思想旨归。

但是到了民国中后期，由于时局的变乱、民族的危难，这种"世界主义"的声音逐渐减弱，并最终在20世纪20年代以后为民族主义所取代。在这一时期，孙中山对世界主义的批判尤为值得注意。

孙中山早就预测过世界主义思想的结局，他认为在最终实现世界主义之前，必须首先承认民族主义、国家主义、爱国主义的正当性，因为民族主义是世界主义的基础或前期阶段，而世界主义是一个较为遥远的美好理想。②

然而，孙中山的这种观念仍然建立于历史"阶段论"的思想基础之上，即认为世界主义终将实现，而民族主义是不可跨越的历史必经阶段。这样一来，民族主义就变成了暂时的、权且需要的一种过渡

---

① 罗志田：《变动时代的文化履迹》，复旦大学出版社，2010，第97页。
② 孙中山曾经明确地批评"世界主义"，认为不能用世界主义来取代民族主义，而西方帝国主义列强所主张的"世界主义"，实质上是以维护西方人的利益为目的的霸道主义和侵略主义。但是，孙中山并不彻底排斥世界主义，他提倡的是以传统中国的"天下观"为基础的另一种世界主义，也即大同主义，而在世界主义最终实现之前，作为弱小民族的中国人不能放弃民族主义。此外，相对于世界主义，孙中山等人更为强调的是"亚洲主义"。孙中山多次在日本神户等地的公开演讲中提倡、宣扬所谓"大亚洲主义"，由于这一观念与日本帝国主义思想中的"亚细亚主义""大东亚主义"有相合之处，一度引起了误解和批评。其实，孙中山的"大亚洲主义"虽然受到日本浪人宫崎滔天的影响，但形成了自己的以传统中国的"王道文化"为核心的新亚洲主义思想，并且，孙中山是想要通过向日本国民推介以仁义道德为核心的"王道文化"，来抵御西方帝国主义的"霸道文化"，从而最终实现世界主义的"天下大同"，其"亚洲主义"与"天下大同"的思想均以儒家传统理念为根底，有着逻辑上的一致性。

性思潮，这其实与维新派知识分子对世界主义实现路径的阐发，并没有根本的区别。

在这一思想背景下，当我们从"世界主义"的视角重新看待清末民初旅日中国人的跨文化经验时，可以发现，许多旅日学人的"世界主义"观念，可能更为复杂。尤为重要的是，这些漂泊异乡，对异文化有着更为真切接触的个体，其所设想的世界主义，建立于丰富的身体经验之上，因而更加富于情感性，从而与纯粹学理的世界主义构想有所区别。同时，他们也更加强烈地意识到"民族主义"在联结"个体"与"世界"之间发挥必不可少的作用。

周作人在多篇散文、随笔中倡导其"人道主义文学"的新文学观念，在其论述过程中，多有对世界主义的向往。例如在《新文学的要求》（1920）中，他认为："异言异服，觉得有点隔膜，其实原是同宗。这样的大人类主义，正是感情与理性的调和的出产物，也就是我们所要求的人道主义的文学基调。"① 他将异文化用"同宗"这种较为本质化的表达统一起来，试图构想出一种超越文化隔膜的"大人类主义"，这便是其"人道主义文学"的思想基础。而所谓"大人类主义"，是融合了感情与理性的一种调和物，并非纯理性主义哲学的产物。在这之中，周作人将"感情"作为了"大人类主义"的一个支点。

正是基于这种人类普遍存在的情感，周作人提出了超越文化隔膜的可能性。但是，他却并没有就此否定文化地方主义的价值，实际上，周作人对民族主义的积极看法，正是在与其"世界主义"观念的对比中产生的。1923 年，周作人曾为刘大白的诗集《旧梦》写序，在这篇序文中，他提出了"世界民"的概念：

---

① 周作人：《新文学的要求》，载钟叔河编订《周作人散文全集》（第 2 卷），广西师范大学出版社，2021，第 210 页。

不过我们这时代的人，因为对于褊隘的国家主义的反动，大抵养成一种"世界民"（Kosmoholites）的态度，容易减少乡土的气味，这虽是不得已却也是觉得可惜的。我仍然不愿取消世界民的态度，但觉得因此更须感到地方民的资格，因为这二者本是相关的，正如我们因是个人，所以是"人类一分子"（Homarars）一般。①

这里的"Kosmoholites"是希腊文，即英文的 Cosmopolites，大致相当于"世界公民"之意。在周作人看来，狭隘的国家主义、民族主义是需要被超越的，因而要提倡一种世界主义的态度，即将自己确立为"世界公民"，方能融入"人类"。可是，周作人在这里却从某种"文化乡愁"的角度出发，强调了"乡土气味"的不可弃。他用"可惜"一词，表达了这种对民族文化割舍不断的暧昧之情。更进一步思考下去，周作人发现，其实"地方民"的身份并不能随着"世界民"身份的形成而被抹除，在他看来，"这二者本是相关的"。如果说，所谓的"个体"，是在"人类"这个概念中得以确立的，那么相应的，"世界民"身份也必须通过对"地方民"身份的再认识，才能够真正形成。

坂井洋史认为，周作人在这里意识到了两种不同的民族主义：一种是来自乡土的、长期养成的文化习性，是"自然形成的民族主义"，体现为对"地方趣味"的执着；另一种是来自官方意识形态的制造与操控，是"官方民族主义"②。而后者才是周作人想要抵制、取消的偏狭的"民族主义"，至于前者，则恰恰构成了周作人想象世界主义的感情基础。

---

① 刘大白：《旧梦》，商务印书馆，1924，第4页。
② 〔日〕坂井洋史：《关于"东方"现代文学的"世界性"——以竹内好、石母田正和周氏兄弟对于民族主义的观点为例》，谭仁岸译，《山东社会科学》2017年第1期。

历史学者桑兵认为，"从世界主义的立场看，民族主义不可能打开通向人类大同的坦途，而用民族主义的观念看，世界主义又不能有效地保护后进弱小民族的利益"①。单方面强调民族主义或世界主义，要么只能加剧民族的纷争，无助于实现民族冲突的和解与世界的大同，要么会抹杀民族文化的多元，使世界走向以少数强大民族为主导的虚假的世界主义。因此，"世界主义离不开民族主义，民族主义也需要世界主义的指引，不包含任何世界主义思想的民族主义是狭隘的"②。

1919 年周作人访问日本新村，提出他对方言、"国语"和"世界语"的构想：

> 其实只要有一种国语通用，以便交通，此外方言也各有特具的美，尽可听他自由发展，形式的统一主义，已成过去的迷梦，现在更无议论的价值了。将来因时势的需要，可以在国语上更加一种人类通用的世界语，此外种种国语方言，都任其自然，才是正当办法；而且不仅言语如此，许多事情也应该如此的。③

可以看到，周作人对语言的历史发展是持开放的态度的，在他看来，"国语"不可能真正将"地方"予以粗暴的统一，而是只能成为一种文化交流的工具。那些各具特色的方言，也应该任其自由发展，使方言与"国语"形成统一、共存的关系，而非互相对立。不过，

---

① 桑兵：《世界主义与民族主义——孙中山对新文化派的回应》，《近代史研究》2003 年第 2 期。

② 李音：《"世界民"与"地之子"——早期"乡土文学"对"民族国家"的书写》，载罗岗主编《现代国家想象与 20 世纪中国文学》，上海人民出版社，2014，第 193 页。

③ 周作人：《访日本新村记》，载钟叔河编订《周作人散文全集》（第 2 卷），广西师范大学出版社，2021，第 83 页。

周作人认为这一观点并不新鲜，已经"无议论的价值"，他所构想的是，在"国语"之上，可以依照类似的语言发展逻辑，创造可供人类交流使用的"世界语"，这种世界语，同样无法形成对各国语言的统一，仅仅是作为工具性的事物出现。而周作人所谓"许多事情也应该如此"，显然是欲将这种对于语言发展的认识应用于更宏大的文化问题。

可以说，对于周作人来说，"没有地方主义的世界主义是空洞的，而没有世界主义的地方主义是盲目的"①。这一对看似矛盾对立，实质上却相互依存的概念，其实在许多旅日中国人那里都可以发现，只不过他们并未明确以"地方""民族""国家""世界"等词语表示出来而已。

例如鲁迅对所谓"国民性"的追问与批判，其实就是深切地基于民族主义情感——众所周知的是，鲁迅在仙台学习期间的经历，触发了他的这种情感。然而鲁迅的这种民族主义情感，却鲜明地与其"世界主义"的倾向相映衬。正是通过日本这一"世界性"的混杂文化空间，鲁迅发现了中国融入世界的必要性与紧迫性，而所谓的"融入世界"，则恰恰要以重申国民性改造的方式来完成。

如刘禾在《跨语际实践》中所考察的，"国民性"一语源于德国启蒙思想家赫尔德的"民族精神"（nationalgeist），后经日本学者译介为日语的"国民性"，再经鲁迅译介到现代中文世界。在此过程中，德文语境中的"nationalgeist"一语的内涵发生了很大变化，有学者指出，"nationalgeist"更强调的是同一民族共同拥有的情感结构，这与现代中文语境中的"国民性"一语的内涵相去甚远。② 可以

---

① 〔德〕乌尔里希·贝克：《世界主义的观点——战争即和平》，杨祖群译，华东师范大学出版社，2008，第9页。

② 参阅李雪涛《留学史研究范式的评价与反思——以〈近代中国人留日精神史〉为中心的讨论》，《探索与争鸣》2019年第4期。

说，鲁迅通过"国民性"一语，实际想要追索的正是某种能够走向"世界"的"民族精神"，是中华民族应予重新确立的，与"世界"共在的情感结构。

只有从这样一种流动、变化的角度出发，去重新理解鲁迅等跨文化旅行者所提出的"民族""国民"等文化共同体概念，才有可能不至于将这些早期现代性思想归为"本质主义"的观念，并因此忽视了潜藏于其中的指向未来的可能性。

在对待文化群体与文化接触的态度上，美国后现代哲学家詹姆逊的看法颇具"解构"的色彩，在他看来，文化并无实质性内容，文化只是一种具有建构性的海市蜃楼，来自不同群体之间的"关系"。换而言之，以文化模式的思维方式将任一人类群体定性为某种文化圈和文化共同体，是一种本质主义的认识论"装置"。詹姆逊认为，"文化是一个群体接触并观察另一群体时所发现的氛围。它是那个群体陌生奇异之处的外化"①。

20世纪众多版本的所谓"文化模式论"，正是这样一种本质主义的认识论"装置"。例如所谓"日本人论""日本文化特殊论"，最典型的莫过于新渡户稻造的《武士道》或本尼迪克特的《菊与刀》等著作，无不以某种叙述框架，强行将变化、流动中的日本文化纳入一个不变的、稳定的体系中来加以看待；相应地，一些所谓"中国人论"的观点，也是在这种逻辑之下产生，例如明恩溥的《中国人的气质》；而其他如"东亚文化论""儒家文化圈""东方文化""西方文化"等等概念的确立，也多存在着上述可疑的"强制阐释"的逻辑。

那么，当我们回溯全球化的早期阶段，从跨文化旅行者实际发生

---

① 〔美〕弗雷德里克·詹姆逊：《文化研究和政治意识》，蔡新乐等译，中国人民大学出版社，2018，第24页。

的"情感转向"的角度，来重新看待他们的"中国人"认识、"日本人"认识，乃至"东亚""亚洲""东方""西方""世界"等共同体想象的时候，我们也许可以发现，原有的基于文化模式论的思想史理论框架，也许都是不可靠的。

> 大江歌罢掉头东，邃密群科济世穷。
> 面壁十年图破壁，难酬蹈海亦英雄。[①]

1917 年，周恩来从天津南开中学毕业，准备留学日本，临行前写下此诗，一抒胸臆。并留下给同学的赠言"愿相会于中华腾飞世界时"。从这首诗中，我们可以看到青年周恩来在身赴东瀛之前，内心充满了对于"济世救国"的历史使命感。而从他给同学的赠言中，可以发现，他已经将"中华之崛起"的构想放置在"腾飞世界"这一背景之下。也就是说，如何将"旧中国"改造为"新中国"，并使之与"世界"相容，为"世界"所承认，这是跨文化旅行者们求学海外的一个基本的出发点。而这样的先验的思想，与他们在异文化环境中去寻求"融入"的实际活动，是相符合的。

在旅日中国人的跨文化旅行活动中，通过情感的再生，"个体"、"民族"和"世界"都被重新理解。在郭沫若、郁达夫等留日中国人那里，通过都市"风情"体验、旅行的情愫生发、"怪熟"的经验以及身体的"情动"，原有的相对封闭而"内向"的主体被打开了，获得了主体的解放与再生，由此，内在的"主体"获得了一种空间意义上的外在性，也即"世界主义"的取向。

这里所谓的世界主义的外在性，或许是一种"绝对的外在性"，

[①]　中共中央文献研究室、南开大学编《周恩来早期文集（一九一二年十月——一九二四年六月）》（上卷），中央文献出版社、南开大学出版社，1998，第300页。

也即永远无法抹除的"他性"①，它构成了旅行主体的"非同一性"。对于清末民初的旅日中国人来说，正是这种在跨文化体验中所获得的情感层面的"外在性"，使他们发现了文化他者的坚固存在，从而也就认识到了重申民族文化的必要性。然而也正是通过"他性"的确证，旅日中国人初步地走向了世界——那个与"他者"共在的，文化混杂的、流动的世界。

---

① 在列维纳斯那里，"他性"和"他者"是不同的。"他者"是一个来自"自我"的概念，有着被"自我"所同化的可能性，而"他性"则意味着外在于"自我"的"他"是永远、必然外在于"自我"的绝对的"他"。相应地，也正是因为有"他性"的存在，"自我"才有了走出封闭的主体，迈向外在的"他"之可能，从而获得"我"与"他"的连接，同时又因外在性的"绝对性"，使得主体获得了流动、变化的"非同一性"，从而成为无限开放的主体。简而言之，不是他人在成为"我"，而是"我"在成为他人。

余论

留日文化史研究再出发

出于叙述逻辑完整性的需要，在本书正文中，笔者并没有对"向内再生"等核心概念做过多的阐释，因此需要在最后做简短的说明与讨论。此外，关于如何从新文化史、情感史的角度重新看待留日文化史的问题，也需要做进一步的思考。

一

本书所提出的核心概念"向内再生"，其实借用了日本思想史学家竹内好的"回心说"，但是，本书对这一理论的借用是谨慎的，甚至可以说抛弃了竹内好在这一概念中赋予的诸多含义。

"回心"是思想史、文学史研究界的一个热门概念，源自竹内好的《鲁迅》《何谓近代》等名文。竹内好继承了京都学派的某些思想，在考察"绍兴会馆"时期鲁迅的精神世界时，提出了著名的"回心"说，认为鲁迅在面对欧洲近代性（即"西方现代性"）时，采取了一种不断抵抗、挣扎，从而实现自身主体性的方式，但这种抵抗越是激烈，其主体性就越是被欧洲近代性所改造、再生，从而不断否定了自身的主体性，因此，竹内好所建构的"文学者鲁迅"形象，即为在主体的自我否定和不断再生中矛盾挣扎的鲁迅。① 由此，竹内好通过对鲁迅文学精神结构的解读，引出了对东亚文化有别于西方的"另一种可能性"的讨论。

但是，随着竹内好对京都学派"近代的超克"思想的再辩护所引发的争议，"回心说"也就引来了诸多的质疑，这种质疑主要体现在概念的内涵、思想提出的语境和思想的意识形态性三个层面上。

其一，在概念的内涵方面，竹内好自己对"回心"中的精神结构问题并没有思考完善，在竹内好的不同文章中，对于"回心"概念内涵的表述存在着模糊不清、自相矛盾的情况，使得日本思想史研究者们对此问题进行了十分烦琐的考证与讨论；相应地，竹内好将近代中国和日本在面对西方时的文化处境解释为"回心型"和"转向型"，也由于自身的概念不明造成了解释效力的不足。例如有学者即指出，所谓"回心"和"转向"，并非如竹内好所说的，是完全对立的②，因此，这种近似于"文化模式"的本质主义观念，本身也是需要予以清理的。

其二，从思想提出的语境来看，作为日本学者，竹内好对鲁迅的阐释很难摆脱其日本学术语境的色彩，从日本的视角"曲解"鲁迅，对鲁迅进行过度阐释，从而建构所谓"竹内鲁迅"，这一点早有敏锐的中国学者予以质疑。③ 不过准确而言，与其说这些来自中国的声音是对"竹内鲁迅"的质疑，不如说，他们更希望把竹内好的思想从日本的阴影中"解救"出来，放置在新的理论视角中来加

① 参阅〔日〕竹内好《近代的超克》，李冬木等译，生活·读书·新知三联书店，2005。
② 参阅刘超《东洋何以近代，回心还是转向？——竹内好的东洋近代观探究》，《鲁迅研究月刊》2016 年第 5 期。
③ 参阅高远东《"仙台经验"与"弃医从文"——对竹内好曲解鲁迅文学发生原因的一点分析》；吴晓东《何谓"文学的自觉"？——读解"竹内鲁迅"过程中的困惑》，载薛毅、孙晓忠编《鲁迅与竹内好》，上海书店出版社，2008。

以利用。

其三，竹内好思想的意识形态性是众多中日学者争论的一大焦点。竹内好在二战期间写作《鲁迅》，又在战后反思大东亚和太平洋战争的环境中，试图"火中取栗"（孙歌语），重新挖掘京都学派的思想，这令许多学者嗅到了其中的危险性。京都学派的思想与日本帝国主义政治之间的微妙关联，早已成为一桩难以审理清楚的思想史公案，因而无论是竹内好还是竹内好的阐释者如何从各种学理层面对"近代的超克"进行思想资源的再发掘、再阐释，都难以洗清以"大东亚共荣"为代表的"罪恶史"赋予学院思想的"原罪"。因而相应地，隐藏在"回心说"背后的重构东方文化主体性的意图、重申所谓"东洋的近代性"（也即与西方现代性相抗衡的东亚现代性）的政治哲学操作，就必然遭到战后日本其他一些左翼学者的质疑，如丸山真男、子安宣邦、沟口雄三等对竹内好的批判，即为代表。

正如沟口雄三所言："把中国的近代看做是自我更生式的近代这一观点是将'落后'正当化，即通过推翻'先进'的根据来否定'先进－落后'这一欧洲一元化的思维方式。看起来是全面否定，但……由于这种否定是在一旦进入了'先进－落后'这一模式之后所进行的自我正当化的否定，而并不是站在这一模式的外部从完全不同的角度来进行否定，因此在方法论上仍然不够彻底。"① 在"回心"的背后，仍然潜藏着某种"文明论"的框架，需要予以厘清。

因此，本书并不想陷于对"回心说"的"政治正确"的争论中，而是用"向内再生"这一术语取而代之，用以描述旅日中国人普遍具有的情感结构。

①〔日〕沟口雄三：《作为方法的中国》，孙军悦译，生活·读书·新知三联书店，2011，第 11 页。

二

按照历史学家彼得·伯克的说法，历史研究应注意选取"中间人"（brokers）作为考察对象，也即那些恰好身处两种不同文化之间的人。选取这样的个案进行深度考察，可以从微观视角辐射至宏观的社会历史全局，实现"以小见大"的研究效果。如历史学者彭刚所说："微观的研究、碎片化的成果，终究可以被纳入整体和综合之中。大道理管小道理，大历史管小历史。最后的大拼图，终归可以把零零碎碎的小拼图都放进去；最后修成的大房子，总是可以将之前完成的小部件都收纳进来，都给装进去。"① 新文化史研究的经典如卡洛·金茨堡的《奶酪与蛆虫》、娜塔莉·泽蒙·戴维斯的《马丁·盖尔归来》，莫不是如此。因此，观察那些早期全球化时期的跨文化"中间人"，能够了解全球化的发生肌理。那些跨文化旅行者或称"文化掮客"，能够在不同文化圈之间游走，通过输出或引入异文化，想象新的"世界"的形成，其中蕴含着诸多全球化未来的可能性，是十分值得探究的。

然而如果将微观史、新文化史的研究视角引入文学史研究中，可以发现，这种"以小见大"的研究似乎是不可行的。原因在于，文学史本身便带有"上层话语"的性质，那些流传于世的文学作品，往往出自知识分子阶层，或社会阶层中的中上层人士。即便我们将这里的"文学"概念扩大为一切可供阅读的文字，也会发现，在晚清民国时期，印刷媒介的垄断以及教育程度的低下，导致中国社会中的

---

① 彭刚：《当代西方史学的几点观察》，中国社会科学网。http://lishisuo.cass.cn/lsyjs_zhcx/lsyjs_py/201901/t20190125_4817737.shtml，最后访问日期：2022年05月30日。

大多数仍然是发不出声音的"沉默的群体"。这样一来，构成文学史一部分的那些写作者，就天然地带有了"上层"的特点，这与新文化史的"自下而上"的研究形成了冲突。①

那么，是否新文化史的方法，就绝对不适用于文学研究呢？历史学家黄兴涛认为，文化史研究主要可分为三个层面：一是对个体性的文化人物、文化事件的研究；二是对由多元文化因素构成的"文化现象"的研究；三是对文化与政治，以及经济互动关系的研究。在他看来，这三个层面是没有高下之分的，例如对某个历史人物的个案研究，同样可以辐射至政治、经济各领域，形成多角度、有深度的透视。②

因此，本书认为，文学史研究仍然可以借鉴新文化史的方法，将历史中的个体进行"日常化"处理，将带有"上层"特点的知识分子群体"日常化"为普通人群体，使之恢复有血有肉的"平凡人"身份，进而探究其跨文化旅行中的情感发生和心理变化。所谓"日常性"，也即日常的感觉、思维和情感，它们"在人本学上是第一性的，决不能把它们从人的存在整体中抽象出来"③。"日常化"不但有助于重新书写既有的文学史所忽略的那些历史细节，也可避免新文化史理论本身存在的一些弊病。

微观史研究近年来受到诟病，因其研究视角以"微观"为特色，其进入问题的"开口"往往较小，导致这种研究无法实现历史宏大叙事结构的再创造，因而难以在历史哲学理论的"气势"和历史故

---

① 新文化史给文学史研究带来的启发在于，过去的研究似乎更关注梁启超、孙中山、鲁迅、郭沫若这样的"名人"，那么，我们是否需要去关注那些历史中的"无名者"？然而对于这一问题的解答面临以下难点。其一，客观条件限制。在文学领域的资料发掘过程中，的确没有发现如马丁·盖尔的审判档案那样详细而有价值的文献。其二，最为重要的是，文学史从来不书写"无名者"，即便要做这样的改变，恐怕也会发现，那些"无名"的书写者，往往都不被纳入"文学"的范畴，如果我们转而研究这些群体，文学研究将变得与历史研究无异，这样一来，文学史研究的独特性也便消失了。

② 参阅黄兴涛《文化史研究的省思》，《史学史研究》2007年第3期。

③ 〔匈〕阿格妮丝·赫勒：《日常生活》，衣俊卿译，重庆出版社，1990，第217页。

事叙述的厚度上与黑格尔、兰克、布罗代尔或汤因比等人相比。当然，有着后现代主义背景的微观史研究，本来就不以"宏大叙事"为目标，甚至往往带有强烈的反"宏大叙事"意图，因而导致其历史叙述方式偏于碎片化、散文化，这种叙述方式所呈现的后现代历史意识，以及叙述话语的再创造，才是微观史研究的价值所在。但人文科学的理论研究从来是顾此失彼的，因而无论微观史在方法和话语的创造方面有着多么惊人的开创性，其缺陷都是一目了然的：一座14世纪法国偏远地区的小山村（《蒙塔尤》），是否比中世纪的巴黎更为重要？一个16世纪意大利磨坊主的精神世界（《奶酪与蛆虫》），是否比法国国王路易十四或拿破仑·波拿巴的思想更值得研究？历史学者对于一位16世纪法国普通农民马丁·盖尔的了解（《马丁·盖尔归来》），为何会甚于马丁·路德？简而言之，由于微观史采取了"自下而上"的历史研究态度，过分关注平凡人、"无名者"的历史，必然导致这些研究所发掘的所谓的"重要材料"其实并不真的如其所宣扬的那般重要。简单说来，相较于帝王将相史，微观史在历史叙述的"资料呈现"方面是缺乏价值的。①

---

① 历史研究和文学研究在选取研究对象时所遇到的尴尬情况是类似的：在一些学术会议或博士论文答辩等学术活动中，时常可以见到研究"专家"之间难以交流的情景，也即由于某些学者的论文论题所研究的对象过于生僻，旁人无法"插上话"。例如微观史研究所关注的"无名的小人物"，或文学史研究所关注的三流作家。而一旦有学者在学术活动中将这些人物的名字抛出，并竭力强调对这些人物进行深入研究的必要性和重要意义时，其引来的其他学者的注目往往只是礼仪性的，这是因为，除非这些生僻的人名的确能够勾连起某个主流的历史理论或文学理论问题，否则，各有自己的研究兴趣领域的学者们，很难将精力突然转到对某个"无名小卒"的研究上来。相应地，在学术交流环节中，一般来说，为避免说"外行话"，学者往往会对他人的论题采取更加谨慎的态度，因此，这种生僻的"小题目"，经常无法获得其他学者真诚而有建设性的意见回应，也就导致学术交流活动流于自说自话，失去了意义。然而从学术研究的秩序来说，无论是对宏大的理论建构，或是对重要的研究对象的再研究，还是对琐碎的历史细节的追索与被忽视的研究材料的再挖掘，都自有其存在的价值，因此，尽管微观研究所呈现的历史叙述"对象"是相对不重要的，可是却无法因此而抹杀其方法论上的意义和叙述话语的魅力。

然而在文学研究领域，当我们将作为知识人的作家个体"日常化"的时候，也就意味着这些个体本身是某种历史典型，是更能够通过话语符号的建构来表现彼时社会的整体性特征的。这恐怕是文学史所特有的一种对"日常生活的历史"的书写，这种书写虽然以"日常"为观察点，却总是能够写出"非日常"的内容。

例如在本书中，通过对旅日中国人的饮食、服饰、居住等日常生活体验的观察，发掘其所谓"物之情致"，追问这些日常的情愫之于建构"现代生活"的可能性，是本书的研究旨趣。在这种考察中，尽管鲁迅、郭沫若、郁达夫等近代知识人被"日常化"为普通的跨域旅行者，但由于他们的文学素养和情感能力，决定了他们能够更为细致、全面、深刻地"说出"下层历史的细节，正是在他们看似日常的生活经验中，我们才更能够发现那些"非日常"的文化编码，并对其进行意义解读。

在法国哲学家列斐伏尔那里，"日常生活"（everyday life）是一个现代的概念，它与"每日生活"（daily life）相对。针对资本主义工业社会中的"日常生活"，列斐伏尔展开了批判和反思，在列斐伏尔看来，日常生活批判"一方面涉及所谓'现代'生活与过去的系统冲突，另一方面涉及'现代'生活与可能性的系统冲突"①。这一理论尽管局限于对"现代社会"的研究，但也能启发我们去发掘全球化背景下的"生活"的变异，尤其让我们思考，跨文化旅行活动中的"日常生活"，究竟意味着什么。

因此，如何重建近代跨文化知识人的日常生活实感的问题，关涉到我们如何理解文化全球化的进程，理解中国在这一进程中的文化变异过程，具有重大的理论价值。

---

① 〔法〕亨利·列斐伏尔：《日常生活批判》，叶齐茂、倪晓晖译，社会科学文献出版社，2018，第232页。

参考文献

一 历史文献（报刊、文集、史料、回忆录、日记等）

包天笑：《钏影楼回忆录 钏影楼回忆录续编》，刘幼生点校，三晋出版社，2014。

北京市档案馆编《那桐日记》，新华出版社，2006。

不肖生：《留东外史》，岳麓书社，1988。

高平叔编《蔡元培全集》，中华书局，1984。

常任侠：《东瀛印象记》，商务印书馆，2013。

陈道华、姚鹏图：《日京竹枝词·扶桑百八吟》，岳麓书社，2016。

陈红民、方勇编《中国近代思想家文库·胡汉民卷》，中国人民大学出版社，2014。

陈平原、夏晓虹编《二十世纪中国小说理论资料》（第1卷），北京大学出版社，1997。

刘晴波、彭国编《陈天华集》，湖南人民出版社，2008。

《成仿吾文集》编辑委员会编《成仿吾文集》，山东大学出版社，1985。

程淯：《丙午日本游记》，岳麓书社，2016。

《创造》《创造月刊》《创造周报》《宇宙风》

〔日〕德富苏峰：《中国漫游记 七十八日游记》，刘红译，中华书局，

2008。

崔万秋：《新路》，四社出版部，1933。

《达夫全集》，开明书店，1927。

单士厘：《癸卯旅行记》，朝华出版社，2017。

丁鸿臣：《东瀛阅操日记》，岳麓书社，2016。

《方令孺散文选集》，百花文艺出版社，2004。

黄兴涛等译《辜鸿铭文集》，海南出版社，1996。

〔日〕谷崎润一郎：《阴翳礼赞》，陈德文译，上海译文出版社，2011。

郭长海、金菊贞编《高旭集》，社会科学文献出版社，2003。

郭沫若：《敝帚集与游学家书》，中国社会科学出版社，2012。

《郭沫若全集·文学编》，人民文学出版社，1982—1992。

郭沫若：《樱花书简》，四川人民出版社，1981。

何如璋：《使东述略》，商务印书馆，2016。

欧阳哲生编《胡适文集》，北京大学出版社，1998。

湖南省社会科学院编《黄兴集》，中华书局，2011。

黄尊三：《三十年日记》，湖南印书馆，1933。

黄遵宪：《日本国志》，吴振清、徐勇、王家祥点校整理，天津人民
　　出版社，2005。

黄遵宪：《日本杂事诗》，朝华出版社，2017。

黄遵宪：《日本杂事诗广注》，湖南人民出版社，1981。

本书编委会编《中国留学生文学大系·近现代散文纪实文学卷》，上
　　海文艺出版社，2000。

本书编委会编《中国留学生文学大系·近现代小说卷》，上海文艺出
　　版社，2000。

《蒋光慈文集》（第2卷），上海文艺出版社，1983。

高慧勤、魏大海主编《芥川龙之介全集》（第3卷），山东文艺出版
　　社，2005。

景梅九：《罪案》，赵晓鹏、李安纲校注，中国社会出版社，2014。

俊生编《现代女作家随笔选》，上海仿古书店，1936。

姜义华、张荣华编校《康有为全集》，中国人民大学出版社，2007。

《李大钊全集》，人民出版社，2006。

李濬之、盛宣怀：《东隅琐记·愚斋东游日记》，岳麓书社，2016。

林林：《扶桑杂记》，百花文艺出版社，1982。

《凌叔华散文选集》，百花文艺出版社，2004。

刘学询、黄璟、罗振玉：《考察商务日记·考察农务日记·扶桑两月
　　记·扶桑再游记》，岳麓书社，2016。

《鲁迅全集》，人民文学出版社，2005。

吕珮芬：《东瀛参观学校记》，岳麓书社，2016。

履冰：《东京梦》，作新社，1909。

罗森等：《早期日本游记五种》，湖南人民出版社，1983。

马以君编注《苏曼殊文集》（上册），柳无忌校订，花城出版社，
　　1991。

梦芸生：《警世小说·伤心人语》，振聩书社，1906。

缪荃孙、王景禧、双寿：《日游汇编·日游笔记·东瀛小识》，岳麓
　　书社，2016。

凤子主编《欧阳予倩全集》，上海文艺出版社，1990。

钱虹编《庐隐选集》，福建人民出版社，1985。

任建树主编《陈独秀著作选编》，上海人民出版社，2009。

日本法政大学大学史资料委员会编《清国留学生法政速成科纪事》，
　　裴敬伟译，广西师范大学出版社，2015。

《沈翊清东游日记·周学熙东游日记》，岳麓书社，2016。

施培毅、徐寿凯校点《吴汝纶全集》，黄山书社，2002。

孙党伯、袁謇正主编《闻一多全集》，湖北人民出版社，1993。

《孙中山全集》，中华书局，1981—1986。

蔡尚思、方行编《谭嗣同全集》（增订本），中华书局，1981。

《马君武诗注》，广西民族出版社，1985。

田汉、宗白华、郭沫若：《三叶集》，上海书店，1982。

王宝平主编《晚清中国人日本考察记集成：教育考察记》，杭州大学
　　出版社，1999。

王杰、张金超主编《田桐集》，华中师范大学出版社，2011。

王锦厚等编《郭沫若佚文集》，四川大学出版社，1988。

王韬：《扶桑游记》，商务印书馆，2016。

王韬：《弢园文录外编》，辽宁人民出版社，1994。

王韬：《王弢园尺牍》，朝华出版社，2017。

王之春：《谈瀛录》，岳麓书社，2016。

（清）吴趼人：《我佛山人文集》，花城出版社，1988—1989。

吴组缃、端木蕻良、时萌主编《中国近代文学大系》（第 2 集），上
　　海书店，1995。

夏晓虹编《梁启超文选》，中国广播电视出版社，1992。

夏衍：《法西斯细菌》，人民文学出版社，1959。

《萧红全集》，哈尔滨出版社，1991。

〔日〕小栗栖香顶：《北京纪事 北京纪游》，陈继东、陈力卫整理，
　　中华书局，2008。

〔日〕小泉八云：《日本魅影》，邵文实译，鹭江出版社，2006。

谢冰莹：《在日本狱中》，铁风出版社，1948。

《徐志摩全集》，商务印书馆，1983。

许寿裳：《亡友鲁迅印象记·许寿裳回忆鲁迅全编》，上海文化出版
　　社，2006。

严修：《东游日记》，岳麓书社，2016。

杨芾等：《扶桑十旬记》（外三种），凤凰出版社，2014。

杨泰阶、文恺、左湘钟：《东游日记三种》，岳麓书社，2016。

苑书义等主编《张之洞全集》，河北人民出版社，1998。

张廷银、朱玉麒主编《缪荃孙全集·杂著》，凤凰出版社，2014。

张夷主编《陈去病全集》，上海古籍出版社，2009。

《章太炎全集》，上海人民出版社，2017。

《章太炎自述》，人民日报出版社，2012。

中共中央文献研究室、南开大学编《周恩来早期文集（一九一二年十月——九二四年六月）》，中央文献出版社、南开大学出版社，1998。

中国现代文学馆编《张资平文集》，华夏出版社，2000。

中华书局编辑部编《王韬日记》（增订本），中华书局，2015。

钟叔河编订《周作人散文全集》，广西师范大学出版社，2021。

吴福辉、钱理群主编《张资平自传》，江苏文艺出版社，1998。

二　论著、工具书

〔美〕阿尔君·阿帕杜莱：《消散的现代性：全球化的文化维度》，刘冉译，上海三联书店，2012。

〔匈〕阿格妮丝·赫勒：《日常生活》，衣俊卿译，重庆出版社，1990。

〔英〕阿雷恩·鲍尔德温等：《文化研究导论》（修订版），陶东风等译，高等教育出版社，2004。

〔德〕阿伦特编《启迪：本雅明文选》（修订译本），张旭东、王斑译，生活·读书·新知三联书店，2012。

〔美〕阿皮亚：《荣誉法则：道德革命是如何发生的》，苗华建译，中央编译出版社，2011。

〔美〕阿皮亚：《世界主义：陌生人世界里的道德规范》，苗华建译，中央编译出版社，2012。

阿英：《晚清小说史》，江苏文艺出版社，2009。

〔法〕埃里克·巴拉泰、伊丽莎白·阿杜安·菲吉耶：《动物园的历史》，乔江涛译，中信出版社，2006。

〔美〕爱德华·赛登施蒂克：《东京百年史：从江户到昭和 1867—1989》，谢思远、刘娜译，上海社会科学院出版社，2018。

〔英〕安东尼·吉登斯：《现代性的后果》，田禾译，译林出版社，2011。

〔日〕白幡洋三郎：《近代都市公园史：欧化的源流》，李伟、南诚译，新星出版社，2014。

〔英〕本·海默尔：《日常生活与文化理论导论》，王志宏译，商务印书馆，2008。

〔美〕本尼迪克特·安德森：《想象的共同体——民族主义的起源与散布》，吴叡人译，上海世纪出版集团，2005。

〔德〕彼德·斯洛特戴克：《资本的内部——全球化的哲学理论》，常暄译，社会科学文献出版社，2014。

〔日〕柄谷行人：《日本现代文学的起源》，赵京华译，生活·读书·新知三联书店，2006。

〔法〕布迪厄：《艺术的法则》，刘晖译，中央编译出版社，2001。

〔美〕布鲁斯·马兹利什：《文明及其内涵》，汪辉译，商务印书馆，2017。

蔡震：《郭沫若家事》，中国华侨出版社，2008。

〔美〕查尔斯·霍默·哈斯金斯：《大学的兴起》，王建妮译，上海人民出版社，2007。

〔加〕查尔斯·泰勒：《世俗时代》，张容南等译，上海三联书店，2016。

常建华主编《中国日常生活史读本》，北京大学出版社，2017。

陈春香：《南社文人与日本》，商务印书馆，2013。

陈光兴：《去帝国：亚洲作为方法》，（台北）行人出版社，2006。

陈恒、王刘纯主编《新史学》（第18辑），大象出版社，2017。

陈敬之：《中国文学的由"旧"到"新"》，（台北）成文出版社，1980。

陈平原：《中国现代小说的起点——清末民初小说研究》，北京大学出版社，2010。

陈平原：《中国小说叙事模式的转变》，北京大学出版社，2003。

程麻：《鲁迅留学日本史》，陕西人民出版社，1985。

〔美〕大贯惠美子：《神风特攻队、樱花与民族主义——日本历史上美学的军国主义化》，石峰译，商务印书馆，2016。

〔美〕戴维·哈维：《后现代的状况——对文化变迁之缘起的探究》，阎嘉译，商务印书馆，2003。

〔美〕丹尼尔·贝尔：《资本主义文化矛盾》，严蓓雯译，江苏人民出版社，2007。

单正平：《晚清民族主义与文学转型》，南方出版社、海南出版社，2008。

党月异：《王韬与中国近代文学的转型》，中国社会科学出版社，2014。

董炳月：《"国民作家"的立场：中日现代文学关系研究》，生活·读书·新知三联书店，2006。

董炳月：《"同文"的现代转换——日语借词中的思想与文学》，昆仑出版社，2012。

《读书》杂志编《亚洲的病理》，生活·读书·新知三联书店，2007。

杜小真编选《福柯集》，上海远东出版社，1998。

段怀清：《王韬与近现代文学转型》，复旦大学出版社，2015。

〔美〕段义孚：《恋地情结》，志丞、刘苏译，商务印书馆，2018。

〔德〕多明尼克·萨赫森迈尔、任斯·理德尔、〔以〕S. N. 艾森斯塔德编著《多元现代性的反思：欧洲、中国及其他的阐释》，郭少棠、王为理译，商务印书馆，2017。

〔美〕弗雷德里克·詹姆逊：《古代与后现代——论形式的历史性》，
王逢振、王丽亚译，中国人民大学出版社，2018。

〔美〕弗雷德里克·詹姆逊：《文化研究和政治意识》，蔡新乐等译，
中国人民大学出版社，2018。

〔日〕福泽谕吉：《文明论概略》，北京编译社译，商务印书馆，2009。

〔日〕富田昭次：《观光时代：近代日本的旅行生活》，廖怡铮译，
（台北）蔚蓝文化出版股份有限公司，2015。

高文君：《且吟且啸　斯人独行——郁达夫在名古屋》，南京大学出
版社，2015。

〔美〕葛凯：《制造中国：消费文化与民族国家的创建》，黄振萍译，
北京大学出版社，2016。

葛兆光：《宅兹中国——重建有关"中国"的历史论述》，中华书
局，2011。

〔德〕贡德·弗兰克：《19世纪大转型》，吴延民译，中信出版社，
2019。

〔德〕贡德·弗兰克：《白银资本：重视经济全球化中的东方》，刘北
成译，四川人民出版社，2017。

〔日〕沟口雄三：《中国前近代思想的演变》，索介然、龚颖译，中华
书局，1997。

〔日〕沟口雄三：《作为方法的中国》，孙军悦译，生活·读书·新知
三联书店，2011。

〔德〕顾彬：《20世纪中国文学史》，范劲等译，华东师范大学出版
社，2008。

郭少棠：《旅行：跨文化想像》，北京大学出版社，2005。

〔加〕哈罗德·伊尼斯：《传播的偏向》，何道宽译，中国传媒大学出
版社，2013。

贺照田主编《东亚现代性的曲折与展开》，吉林人民出版社，2002。

〔美〕赫伯特·马尔库塞：《爱欲与文明》，黄勇、薛民译，上海译文出版社，2015。

〔法〕亨利·列斐伏尔：《空间与政治》（第2版），李春译，上海人民出版社，2015。

〔法〕亨利·列斐伏尔：《日常生活批判》（全3卷），叶齐茂、倪晓晖译，社会科学文献出版社，2018。

胡悦晗：《生活的逻辑：城市日常世界中的民国知识人（1927—1937）》，社会科学文献出版社，2018。

黄福庆：《清末留日学生》，载《中央研究院近代史研究所专刊》1975年第34期。

黄兴涛：《重塑中华：近代中国的"中华民族"观念研究》，北京师范大学出版社，2017。

〔英〕霍布斯鲍姆、兰格编《传统的发明》，顾杭、庞冠群译，译林出版社，2004。

〔日〕吉野耕作：《文化民族主义的社会学——现代日本自我认同意识的走向》，刘克申译，商务印书馆，2004。

蒋百里、戴季陶：《日本人与日本论：解析日本民族性的经典读本》，凤凰出版社，2009。

蒋磊：《在东方与西方之间：现代旅日作家的文化体验》，社会科学文献出版社，2014。

〔法〕金丝燕：《文化转场：中国与他者》，中国大百科全书出版社，2016。

靳明全：《中国现代文学兴起发展中的日本影响因素》，中国社会科学出版社，2004。

〔美〕康拉德·托特曼：《日本史》（第2版），王毅译，上海人民出版社，2008。

〔美〕柯文：《在传统与现代性之间：王韬与晚清改革》，雷颐、罗检秋译，中信出版社，2016。

〔美〕夸梅·安东尼·阿皮亚：《认同伦理学》，张容南译，译林出版
　　社，2013。

赖芳伶：《晚清小说与社会政治变迁：一八九五——一九一一》，（台
　　北）大安出版社，1994。

乐黛云：《跨文化之桥》，北京大学出版社，2017。

〔英〕雷蒙·威廉斯：《文化与社会（1780—1950）》，高晓玲译，吉
　　林出版集团有限责任公司，2011。

李斌：《女神之光：郭沫若传》，作家出版社，2018。

〔美〕李海燕：《心灵革命》，修佳明译，北京大学出版社，2018。

〔美〕李欧梵：《上海摩登：一种新都市文化在中国（1930—1945）》，
　　毛尖译，上海三联书店，2008。

李雁南：《在文本与现实之间——近现代日本作家笔下的中国》，北
　　京大学出版社，2013。

李怡：《日本体验与中国现代文学的发生》，北京大学出版社，2009。

林甘泉、蔡震主编《郭沫若年谱长编（1892—1978 年）》，中国社会
　　科学出版社，2017。

林少阳：《“文”与日本的现代性》，中央编译出版社，2004。

刘大白：《旧梦》，商务印书馆，1924。

刘禾：《帝国的话语政治：从近代中西冲突看现代世界秩序的形成》，
　　杨立华等译，生活·读书·新知三联书店，2009。

刘禾：《跨语际实践：文学，民族文化与被译介的现代性（中国：
　　1900—1937）》（修订译本），宋伟杰等译，生活·读书·新知三
　　联书店，2008。

刘克敌：《困窘的潇洒：民国文人的日常生活》，广西师范大学出版
　　社，2013。

〔美〕刘易斯·芒福德：《城市文化》，宋俊岭、李翔宁、周鸣浩译，

中国建筑工业出版社，2009。

〔美〕刘易斯·芒福德：《技术与文明》，陈允明、王克仁、李华山译，中国建筑工业出版社，2009。

刘永文编《晚清小说目录》，上海古籍出版社，2008。

〔美〕鲁思·本尼迪克特：《菊与刀——日本文化的类型》，吕万和、熊达云、王智新译，商务印书馆，2010。

鲁迅博物馆、鲁迅研究室编《鲁迅年谱》（第1卷），人民文学出版社，1981。

鲁迅：《中国小说史略》，浙江文艺出版社，2000。

《陆九渊集》，钟哲点校，中华书局，1980。

吕超：《比较文学新视域：城市异托邦》，中国社会科学出版社，2011。

〔美〕罗伯特·阿尔特：《想象的城市——都市体验与小说语言》，邵文实译，江苏凤凰教育出版社，2013。

〔美〕罗芙芸：《卫生的现代性：中国通商口岸卫生与疾病的含义》，向磊译，江苏人民出版社，2007。

罗岗主编《现代国家想象与20世纪中国文学》，上海人民出版社，2014。

〔法〕罗兰·巴尔特：《符号帝国》，孙乃修译，商务印书馆，1994。

罗志田：《变动时代的文化履迹》，复旦大学出版社，2010。

〔美〕马克弟：《绝对欲望，绝对奇异：日本帝国主义的生生死死，1895—1945》，朱新伟译，中央编译出版社，2017。

〔德〕马克思·舍勒：《道德意识中的怨恨与羞感》，罗悌伦、林克译，北京师范大学出版社，2017。

〔德〕马克思·舍勒：《同情感与他者》，朱雁冰、林克译，北京师范大学出版社，2017。

〔德〕马克斯·韦伯：《新教伦理与资本主义精神》，马奇炎、陈婧译，北京大学出版社，2012。

〔美〕玛里琳·艾维:《消逝的话语——现代性、幻想、日本》,牟学苑、油小丽译,江苏人民出版社,2012。

〔英〕玛丽·道格拉斯:《洁净与危险》,黄剑波、柳博赟、卢忱译,民族出版社,2008。

〔美〕玛丽·路易斯·普拉特:《帝国之眼:旅行书写与文化互化》,方杰、方宸译,译林出版社,2017。

〔美〕迈克尔·普罗瑟:《文化对话:跨文化传播导论》,何道宽译,北京大学出版社,2013。

〔日〕梅棹忠夫:《何谓日本》,杨芳玲译,百花文艺出版社,2001。

孟悦、罗钢主编《物质文化读本》,北京大学出版社,2008。

〔法〕米歇尔·德·塞托:《日常生活实践 1. 实践的艺术》,方琳琳、黄春柳译,南京大学出版社,2009。

〔法〕米歇尔·福柯:《知识考古学》,谢强、马月译,生活·读书·新知三联书店,1998。

〔法〕莫里斯·梅洛 - 庞蒂:《知觉现象学》,姜志辉译,商务印书馆,2001。

〔日〕木山英雄:《文学复古与文学革命——木山英雄中国现代文学思想论集》,赵京华编译,北京大学出版社,2004。

〔美〕娜塔莉·泽蒙·戴维斯:《马丁·盖尔归来》,刘永华译,北京大学出版社,2009。

〔美〕娜塔莉·泽蒙·戴维斯:《行者诡道:一个 16 世纪文人的双重世界》,周兵译,北京大学出版社,2018。

彭雷霆:《近代中国人的日本认识(1871～1915 年)》,社会科学文献出版社,2013。

〔美〕彭慕兰:《大分流:欧洲、中国及现代世界经济的发展》,史建云译,江苏人民出版社,2003。

彭小妍:《浪荡子美学与跨文化现代性:20 世纪 30 年代上海、东京及巴黎的浪荡子、漫游者与译者》，浙江大学出版社，2017。

〔德〕齐奥尔格·西美尔：《时尚的哲学》，费勇等译，花城出版社，2017。

钱国红：《走近"西洋"和"东洋"——中日世界意识形成的比较研究》，商务印书馆，2009。

〔美〕乔丹·桑德：《近代日本生活空间：太平洋沿岸的文化环流》，焦堃译，清华大学出版社，2019。

〔美〕乔纳森·克拉里：《知觉的悬置：注意力、景观与现代文化》，沈语冰、贺玉高译，江苏凤凰美术出版社，2017。

〔法〕让·波德里亚：《象征交换与死亡》，车槿山译，译林出版社，2006。

〔美〕瑞贝卡：《世界大舞台：十九、二十世纪之交中国的民族主义》，高瑾等译，生活·读书·新知三联书店，2008。

〔美〕萨义德：《东方学》，王宇根译，生活·读书·新知三联书店，2007。

桑兵：《交流与对抗：近代中日关系史论》，广西师范大学出版社，2015。

桑兵：《晚清民国的学人与学术》，中华书局，2008。

王斐译注《山海经译注》，上海三联书店，2014。

《中国现代文艺资料丛刊》（第4辑），上海文艺出版社，1979。

邵毅平：《东洋的幻象：中日法文学中的中国与日本》，上海锦绣文章出版社、上海咬文嚼字文化传播有限公司，2010。

沈庆利：《现代中国异域小说研究》，北京大学出版社，2009。

〔日〕实藤惠秀：《中国人留学日本史》，谭汝谦、林启彦译，生活·读书·新知三联书店，1983。

〔意〕史华罗：《中国历史中的情感文化——对明清文献的跨学科文本研究》，林舒俐、谢琰、孟琢译，商务印书馆，2009。

〔美〕史书美：《现代的诱惑：书写半殖民地中国的现代主义（1917—

1937）》，何恬译，江苏人民出版社，2007。

舒新城编著《近代中国留学史 近代中国教育思想史》，商务印书馆，2014。

（汉）司马迁：《史记》，中华书局，2011。

〔英〕斯蒂夫·派尔：《真实城市——现代性、空间与城市生活的魅像》，孙民乐译，江苏凤凰教育出版社，2014。

〔美〕斯蒂文·J. 埃里克森：《汽笛的声音——日本明治时代的铁路与国家》，陈维、乐艳娜译，江苏人民出版社，2011。

宋念申：《发现东亚》，新星出版社，2018。

苏生文：《晚清以降：西力冲击下的社会变迁》，商务印书馆，2017。

孙歌：《求错集》，生活·读书·新知三联书店，1998。

孙歌：《我们为什么要谈东亚：状况中的政治与历史》，生活·读书·新知三联书店，2011。

孙歌：《竹内好的悖论》，北京大学出版社，2005。

孙歌：《主体弥散的空间——亚洲论述之两难》，江西教育出版社，2002。

孙玉石：《走近真实的鲁迅——鲁迅思想与五四文化论集》，北京大学出版社，2009。

〔美〕索杰：《第三空间——去往洛杉矶和其他真实和想象地方的旅程》，陆扬等译，上海教育出版社，2005。

唐宏峰：《旅行的现代性——晚清小说旅行叙事研究》，北京师范大学出版社，2011。

唐沅等编《中国现代文学期刊目录汇编》（丙种），天津人民出版社，1988。

陶东风：《文体演变及其文化意味》，云南人民出版社，1994。

陶东风主编《知识分子与社会转型》，河南大学出版社，2004。

〔日〕藤本箕山、九鬼周造、阿部次郎：《日本意气》，王向远译，吉林出版集团有限责任公司，2012。

田雪梅：《近代日本国民的铸造——从明治到大正》，商务印书馆，2016。

〔美〕W. J. T. 米切尔编《风景与权力》，杨丽、万信琼译，译林出版社，2014。

〔德〕瓦尔特·本雅明：《巴黎，19世纪的首都》，刘北成译，商务印书馆，2013。

汪晖：《现代中国思想的兴起》，生活·读书·新知三联书店，2008。

汪民安、郭晓彦主编《〈生产〉（第11辑）·德勒兹与情动》，江苏人民出版社，2016。

〔美〕王德威：《被压抑的现代性——晚清小说新论》，宋伟杰译，北京大学出版社，2005。

王德威：《想象中国的方法》，生活·读书·新知三联书店，2003。

王汎森：《中国近代思想与学术的系谱》，河北教育出版社，2001。

王立群：《中国早期口岸知识分子形成的文化特征——王韬研究》，北京大学出版社，2009。

王铭铭主编《中国人类学评论》（第2辑），世界图书出版公司，2007。

王屏：《近代日本的亚细亚主义》，商务印书馆，2004。

王晴佳：《新史学讲演录》，中国人民大学出版社，2010。

王升远：《文化殖民与都市空间：侵华战争时期日本文化人的"北平体验"》，生活·读书·新知三联书店，2017。

王晓平：《近代中日文学交流史稿》，湖南文艺出版社，1987。

王晓秋：《近代中国与日本——互动与影响》，昆仑出版社，2005。

王晓秋：《近代中日文化交流史人物研究》，昆仑出版社，2015。

王晓元编《民国名人与日本妻妾》，作家出版社，2004。

王秀丽、梁云祥：《日本人眼中的中国形象》，北京大学出版社，2016。

王学泰：《游民文化与中国社会》，山西人民出版社，2018。

王训昭等编《郭沫若研究资料》，中国社会科学出版社，1986。

王一川：《中国现代性体验的发生：清末民初文化转型与文学》，北京师范大学出版社，2001。

〔美〕温迪·J. 达比：《风景与认同》，张箭飞、赵红英译，译林出版社，2011。

〔意〕文森佐·费罗内：《启蒙观念史》，马涛、曾允译，商务印书馆，2018。

〔德〕沃尔夫冈·希弗尔布施：《铁道之旅：19 世纪空间与时间的工业化》，金毅译，上海人民出版社，2018。

〔德〕乌尔里希·贝克：《世界主义的观点——战争即和平》，杨祖群译，华东师范大学出版社，2008。

武继平：《郭沫若留日十年（1914—1924）》，重庆出版社，2001。

〔英〕西蒙·冈恩：《历史学与文化理论》，韩炯译，北京大学出版社，2012。

〔日〕西原大辅：《谷崎润一郎与东方主义——大正日本的中国幻想》，赵怡译，中华书局，2005。

〔日〕狭间直树：《日本早期的亚洲主义》，张雯译，北京大学出版社，2017。

〔日〕狭间直树主讲《东亚近代文明史上的梁启超》，上海人民出版社，2016。

〔日〕小谷一郎：《东京"左联"重建后留日学生文艺活动》，王建华译，上海社会科学院出版社，2012。

许纪霖：《家国天下——现代中国的个人、国家与世界认同》，上海人民出版社，2017。

薛毅、孙晓忠编《鲁迅与竹内好》，上海书店出版社，2008。

严安生：《灵台无计逃神矢：近代中国人留日精神史》，陈言译，生活·读书·新知三联书店，2018。

杨军、张乃和主编《东亚史》，长春出版社，2006。

杨联芬：《晚清至五四：中国文学现代性的发生》，北京大学出版社，2003。

杨霞：《清末民初的"中国意识"与文学中的"国家想象"》，南京师范大学出版社，2012。

〔法〕伊夫－夏尔·扎尔卡：《重建世界主义》，赵靓译，福建教育出版社，2015。

〔法〕伊曼纽尔·列维纳斯：《总体与无限：论外在性》，朱刚译，北京大学出版社，2016。

殷海光：《中国文化的展望》，上海三联书店，2002。

〔美〕马里乌斯·B. 詹森主编《剑桥日本史（第5卷）：19世纪》，王翔译，浙江大学出版社，2014。

张海林：《王韬评传（附容闳评传）》，南京大学出版社，2011。

张小玲：《夏目漱石与近代日本的文化身份建构》，北京大学出版社，2009。

张治：《异域与新学——晚清海外旅行写作研究》，北京大学出版社，2014。

章开沅、余子侠主编《中国人留学史》，社会科学文献出版社，2013。

赵德宇等：《日本近现代文化史》，世界知识出版社，2010。

赵京华：《日本后现代与知识左翼》，生活·读书·新知三联书店，2007。

赵京华：《周氏兄弟与日本》，人民文学出版社，2011。

郑匡民：《西学的中介：清末民初的中日文化交流》，四川人民出版社，2008。

中国社会科学研究会编《中国与日本的他者认识——中日学者的共同探讨》，社会科学文献出版社，2004。

周棉等：《中国留学生论》，南京大学出版社，2012。

周宪、陶东风主编《文化研究》（第35辑），社会科学文献出版社，

2018。

朱寿桐、武继平主编《创造社作家研究》，中国书店，1999 年。

〔日〕竹村民郎：《大正文化——帝国日本的乌托邦时代》，欧阳晓
译，上海三联书店，2015。

〔日〕竹内好：《近代的超克》，李冬木等译，生活·读书·新知三联
书店，2005。

〔日〕子安宣邦：《东亚论——日本现代思想批判》，赵京华译，吉林
人民出版社，2004。

〔日〕樽本照雄编《新编增补清末民初小说目录》何伟译，齐鲁书
社，2002。

〔日〕佐伯顺子：《爱欲日本》，韩秋韵译，新星出版社，2016。

三 外文文献

Ben Highmore, *Cityscapes: Cultural Readings in the Material and Symbolic City Basingstoke* (Hampshire: Palgrave Macmillan, 2005).

Harry Harootunian, *History's Disquiet: Modernity, Cultural Practice, and the Question of Everyday Life* (New York: Columbia University Press, 2000).

Raymond Williams, *Culture and Society: 1780 – 1950* (New York: Columbia University Press, 1960).

浜下武志『朝貢システムと近代アジア』岩波書店、1997。

北岡正子『魯迅救亡の夢のゆくえ：悪魔派詩人論から「狂人日記」
まで』関西大学出版部、2006。

北岡正子『魯迅日本という異文化のなかで：弘文学院入学から
「退学」事件まで』関西大学出版部、2001。

陈祖恩『上海の日本文化地図』上海锦绣文章出版社、2010。

成田龍一『近代都市空間の文化経験』岩波書店、2003。

初田亨『繁華街にみる都市の近代—東京』中央公論美術出版、2001。

大門正克・安田常雄・天野正子『近代社会を生きる：近現代日本社会の歴史』吉川弘文館、2003。

大庭脩・大庭修『享保時代の日中關係資料』関西大学出版部、1986。

東浩紀『ゲンロン0 観光客の哲学』株式会社ゲンロン、2017。

岡本幸治『近代日本のアジア観』ミネルヴァ書房、1998。

岡本哲志『銀座四百年：都市空間の歴史』講談社、2006。

溝口雄三［ほか］編『アジアから考える』東京大学出版会、1994。

和久田康雄『日本の市内電車：1895—1945』成山堂書店、2009。

吉田集而『風呂とエクスタシー：入浴の文化人類学』平凡社、1995。

吉田千鶴子『近代東アジア美術留学生の研究：東京美術学校留学生史料』ゆまに書房、2009。

久保田博『日本の鉄道車輌史』グランプリ出版、2001。

アンリ・ルフェーブル『空間の生産』青木書店、2000。

李為・白石善章・田中道雄『文化としての流通』同文舘出版、2007。

鈴木勇一郎『近代日本の大都市形成』岩田書院、2004。

山本周次『旅と政治：思想家の異文化体験』晃洋書房、2007。

山梨絵美子等『日本の近代絵画』ブレーン出版、1996。

山室信一『思想課題としてのアジア：基軸・連鎖・投企』岩波書店、2001。

神田孝治『観光の空間：視点とアプローチ』ナカニシヤ出版、2009。

石川寛子・江原絢子『近現代の食文化』弘学出版、2002。

石塚裕道『日本近代都市論：東京：1868—1923』東京大学出版
　　会、1991。

藤間生大『東アジア世界研究への模索：研究主体の形成に関連し
　　て』校倉書房、1982。

藤間生大『近代東アジア世界の形成』春秋社、1977。

藤野厳九郎『謹んで周樹人様を憶う』『文学案内』、1937年3月。

田中純一郎『日本映画発達史』中央公論社、1980。

小島淑男『留日学生の辛亥革命』青木書店、1989。

小林丈広『近代日本と公衆衛生：都市社会史の試み』雄山閣出
　　版、2001。

伊東昭雄等『中国人の日本人観100年史』自由国民社、1974。

越沢明『東京の都市計画』岩波書店、1991。

増田美子『日本衣服史』吉川弘文館、2010。

中沢正『日本料理史考』柴田書店、1977。

佐々木時雄『動物園の歴史：日本における動物園の成立』講談
　　社、1987。

四 期刊文章

〔法〕M. 福柯：《另类空间》，王喆译，《世界哲学》2006年第6期。

〔日〕坂井洋史：《关于"东方"现代文学的"世界性"——以竹内
　　好、石母田正和周氏兄弟对于民族主义的观点为例》，谭仁岸
　　译，《山东社会科学》2017年第1期。

韩少功：《国境的这边和那边》，《天涯》1999年第6期。

〔日〕驹田信二：《日暮里和Nippori》，奚必安、顾长浩译，《国外社
　　会科学》1981年第9期。

李雪涛：《留学史研究范式的评价与反思——以〈近代中国人留日精

神史〉为中心的讨论》，《探索与争鸣》2019 年第 4 期。

李永东：《身份焦虑、民族认同与洋装政治——以创造社作家为例》，《文艺研究》2018 年第 3 期。

刘超：《东洋何以近代，回心还是转向？——竹内好的东洋近代观探究》，《鲁迅研究月刊》2016 年第 5 期。

马克锋、孙钦梅：《近代中国世界主义的思想历程》，《教学与研究》2014 年第 3 期。

潘德宝：《王韬〈扶桑游记〉与日本冶游空间的建构》，《浙江师范大学学报》（社会科学版）2018 年第 3 期。

桑兵：《世界主义与民族主义——孙中山对新文化派的回应》，《近代史研究》2003 年第 2 期。

施晔：《从〈东京梦〉到〈留东外史〉：清末民初留日小说的滥觞和发展》，《明清小说研究》2010 年第 1 期。

苏明：《"支那"之痛：现代留日作家的创伤性记忆》，《中国现代文学研究丛刊》2010 年第 1 期。

唐宏峰：《怪熟的遭遇：晚清小说旅行叙事之研究》，《现代中文学刊》2010 年第 4 期。

汪民安：《何谓"情动"？》，《外国文学》2017 年第 2 期。

谢俊：《文学的无力与抵抗：从竹内好在 1941—43 年间的写作重审"回心"论述》，《文艺理论与批评》2018 年第 4 期。

杨念群：《何谓"东亚"？——近代以来中日韩对"亚洲"想象的差异及其后果》，《清华大学学报》（哲学社会科学版）2012 年第 1 期。

张瑞嵘：《晚清"条约口岸知识分子"的文化困境》，《湖北社会科学》2017 年第 10 期。

邹振环：《戢元丞及其创办的作新社与〈大陆报〉》，《安徽大学学报》（哲学社会科学版）2012 年第 6 期。

图书在版编目（CIP）数据

都市新感情：清末民初旅日中国人的文化体验／蒋
磊著. -- 北京：社会科学文献出版社，2022.11
　ISBN 978 - 7 - 5228 - 0928 - 1

　Ⅰ.①都… 　Ⅱ.①蒋… 　Ⅲ.①文化思想 - 思想史 - 影
响 - 华人 - 研究 - 日本 - 近代 　Ⅳ.①G131.3

　中国版本图书馆 CIP 数据核字（2022）第 192708 号

都市新感情：清末民初旅日中国人的文化体验

著　　者／蒋　磊

出 版 人／王利民
组稿编辑／高　雁
责任编辑／贾立平
责任印制／王京美

出　　版／社会科学文献出版社（010）59367226
　　　　　地址：北京市北三环中路甲 29 号院华龙大厦　邮编：100029
　　　　　网址：www. ssap. com. cn
发　　行／社会科学文献出版社（010）59367028
印　　装／三河市尚艺印装有限公司

规　　格／开本：787mm × 1092mm　1/16
　　　　　印　张：13　字　数：170 千字
版　　次／2022 年 11 月第 1 版　2022 年 11 月第 1 次印刷
书　　号／ISBN 978 - 7 - 5228 - 0928 - 1
定　　价／98.00 元

读者服务电话：4008918866